国家民委民族问题研究项目成果

西藏民族大学科研出版基金资助

中国民族事务大数据体系构建方略研究

The Strategies for Establishment of Big Data System on National Ethnical Affairs of China

赵生辉　编著

西安电子科技大学出版社

内 容 简 介

本书为国家民委民族问题研究项目"中国民族事务大数据体系构建方略研究"的研究成果,是在我国推进民族地区社会治理体系和治理能力现代化以及"大数据"上升为国家战略的背景下进行的,是对基于大数据的民族事务治理方式创新所做的理论探索。全书围绕"为什么要构建民族事务大数据体系(why to do)""构建什么样的民族事务大数据体系(what to do)""如何构建民族事务大数据体系(how to do)"三个核心问题,对我国民族事务大数据体系的战略定位、总体框架、规划管理、技术架构、保障体系、建设构想等基础问题进行了系统梳理和分析论证,为我国民族事务大数据体系的顶层设计和战略规划提供了完整的理论框架,对于推动我国民族事务治理方式创新和治理能力现代化具有重要的参考意义。

图书在版编目(CIP)数据

中国民族事务大数据体系构建方略研究 / 赵生辉编著. —西安:西安电子科技大学出版社,2018.11
ISBN 978-7-5606-5142-2

Ⅰ.① 中… Ⅱ.① 赵… Ⅲ.① 民族事务—数据处理—研究—中国

教学参考资料 Ⅳ.① D633.1-39

中国版本图书馆 CIP 数据核字(2018)第 231721 号

策划编辑 刘玉芳
责任编辑 刘玉芳 毛红兵
出版发行 西安电子科技大学出版社(西安市太白南路 2 号)
电 话 (029)88242885 88201467 邮 编 710071
网 址 www.xduph.com 电子邮箱 xdupfxb001@163.com
经 销 新华书店
印刷单位 北京虎彩文化传播有限公司
版 次 2018 年 11 月第 1 版 2018 年 11 月第 1 次印刷
开 本 787 毫米×960 毫米 1/16 印 张 8
字 数 140 千字
定 价 30.00 元
ISBN 978-7-5606-5142-2 / D

XDUP 5444001-1

如有印装问题可调换

前　言

本书为国家民委民族问题研究项目"中国民族事务大数据体系构建方略研究(项目号：2016-GMD-007)"的研究成果，是在我国推进民族地区社会治理体系和治理能力现代化以及"大数据"上升为国家战略的背景下进行的，是对我国基于大数据的民族事务治理方式创新基础工作的理论探索。本项目针对我国民族事务治理过程中所存在的信息分散、管理精准化程度低、决策科学化程度有待提升、风险和危机预测能力不强等问题，提出"中国民族事务大数据工程"的建设构想，为我国民族事务的科学决策、风险预警、政策模拟等功能的实现提供技术支持。本书对于提高我国民族事务的治理能力和治理水平，促进民族地区经济社会全面发展和社会长治久安具有极为重要的影响。

中国民族事务大数据体系建设是一项复杂的系统工程，涉及战略、战术和执行三个层面。其中，战略层主要解决"为什么要构建民族事务大数据体系(why to do)"的问题；战术层主要解决"构建什么样的民族事务大数据体系(what to do)"的问题；执行层解决"如何构建民族事务大数据体系(how to do)"的问题。三个层面紧密联系，上层指导下层，下层支撑上层，构成完整的管理体系。基于上述思想，本书的研究主要从以下三个层面展开：(1) 战略层：中国民族事务大数据体系的战略定位，主要涉及中国民族事务大数据体系的概念界定、内涵分析和战略价值等方面。(2) 战术层：中国民族事务大数据体系的总体框架，主要涉及中国民族事务大数据来源的规划与管理、中国民族事务大数据平台的架构设计、中国民族事务大数据生态的保障体系三个方面的内容。其中，中国民族事务大数据平台的架构设计是整个项目研究的核心内容，可以细分为大数据存储基础设施、大数据汇集与组织子系统、大数据分析与挖掘子系统、大数据应用与服务子系统等。国家民族事务大数据来源的规划与管理主要是应用顶层设计方法和工具，对民族事务大数据进行战略规划，明确需要采集的数据资源、采集的方法与策略、来源数据治理控制与管理等。民族事务大数据生态的保障体系分为制度保障体系、管理保障体系和安全管理体系三个组成部分，其目的是保障基于大数据中心平台的大数据生态系统正常运作，发挥大数据的决策和管理价值。(3) 执行层：中国民族事务大数据工程的建设方案，主要是国家民族事务大数据体系的理论研究，对我国实施"民族事务大数据工程"的指导思想、建设目标、建设任务、保障措施等做出规划和安排。

本书章节安排如下：第 1 章，绪论，主要介绍本项目的研究背景、研究意义、国内外研究现状，本项目的研究定位、研究思路和研究方法等。第 2 章，中国民族事务大数据体系的战略定位，主要介绍中国民族事务大数据体系的概念与内涵，中国民族事务大数据体系的应用价值和功能定位等。第 3 章，中国民族事务大数据体系的总体框架，主要借鉴价值链思想和信息工程学的通用信息系统工程模型，构建了民族事务大数据体系的框架模型。第 4 章，中国民族事务大数据来源的规划管理，主要基于 EA 原理，对民族事务大数据体系来源数据进行战略规划，明确需要纳入大数据体系的基础数据的类型、采用和采集途径，同时对基础数据质量进行前端管理和控制。第 5 章，中国民族事务大数据平台的技术架构，主要介绍大数据体系核心数据平台各个模块的功能和实现方法，包括大数据汇集与组织子系统、大数据分析与挖掘子系统和大数据应用与服务子系统等。第 6 章，中国民族事务大数据生态的保障体系，主要介绍支持国家民族事务大数据体系正常运行的法规保障体系、标准保障体系和管理保障体系。第 7 章，中国民族事务大数据工程的建设方案，主要是基于对民族事务大数据体系的理论分析，结合我国民族地区经济社会发展实际，提出建设民族事务大数据体系的执行方案，包括建设目标、建设内容、建设周期、建设策略等。第 8 章，结语，总结项目报告的核心结论和创新点，对后续研究进行展望。

　　本书研究整体基于信息工程学的"瀑布模型(Waterfall Model)"，采取了以"自上而下"理论演绎法为主，以"自下而上"实证归纳法为辅的研究方法，通过对国家民族事务治理职能及其决策需求的分析，推导出中国民族事务大数据体系的数据模型，进而基于模型设计和与之对应的技术平台架构及制度体系框架，在以下方面实现了创新：(1) 理论创新。基于价值链理论，明确大数据体系在民族事务治理当中的战略定位，分析中国民族事务大数据体系价值产生的机理，构建中国民族事务大数据管理体系的价值链模型，对大数据体系构建过程中涉及的各类问题进行系统化梳理，为科学认识大数据的本质、优势和局限性提供完整的理论框架。(2) 应用创新。基于数据资源战略规划理论、方法和工具，完成"中国民族事务大数据体系框架模型"、"国家民族事务大数据体系全域数据模型"、"国家民族事务大数据中心平台"等规划设计方案，完成国家民族事务大数据体系的"蓝图"设计。(3) 实践创新。立足民族工作实际，从法律法规、标准规范、安全管理、管理机制等角度构建协调各类关系，支撑大数据价值发挥的信息生态体系，根据民族事务大数据体系结构和运行原理，从实践层面提出建设"中国民族事务大数据工程"的建议方案，为国家民族事务委员会提供决策参考。

赵生辉

2018 年 3 月

目 录

第1章 绪　　论

中国是统一的多民族国家，少数民族和民族地区相关事务关系到民族地区经济和社会发展，关系到边疆社会稳定和长治久安，在国家治理体系的整体格局中发挥着举足轻重的作用。受到多方面因素的影响，中国的民族事务治理呈现出高度复杂性特征，发挥现代信息技术的优势，构建民族事务大数据体系，是新时期民族事务治理体系和治理能力现代化的重要课题。

1.1 项目背景

本书为国家民委民族问题研究项目"中国民族事务大数据体系构建方略研究(项目号：2016-GMD-007)"的研究成果，是在我国推进民族地区社会治理体系和治理能力现代化以及"大数据"上升为国家战略的背景下进行的，是对我国基于大数据的民族事务治理方式创新基础工作的理论探索。

1.1.1 研究背景

党的十八届三中全会通过的《中共中央关于全面深化改革若干重大问题的决定》,将"推进国家治理体系和治理能力现代化"作为全面深化改革的总体目标提出。民族事务作为国家公共事务与政治管理的一项重要内容，是国家治理体系中重要的组成部分，具有较强的政策性、政治敏感性和广泛的社会涉及面。围绕民族事务的治理而形成的制度体系构成了国家的民族事务治理体系，民族事务治理能力则是国家治理民族事务、处理民族问题的绩效表现。推进国家治理体系和治理能力现代化，这一全面深化改革的总体目标在民族事务治理方面的具体体现与贯彻落实，就是要推进民族事务治理体系与治理能力的现代化。

2014年召开的中央民族工作会议正是为了应对我国民族事务治理中面临新的阶段性特征，全面推进民族事务治理体系与治理能力现代化的重要会议。会议指出了民族工作正面临新的阶段性特征，除暴力恐怖活动和外部因素密切相关以外，民族地区经济加快发展势头和发展水平低、基本公共服务能力建设薄弱、各民族交往交流交融趋势增强、涉及民族因素的矛盾纷争上升，无不是经济社会转型的具体体现或者与经济社会转型过程密切关联。这些因素相互交织、共同作用，构成了现阶段民族问题的主要表现形式。与此同时，随着我国电子政务建设在各地的推行，各民族自治地方的电子政务建设也取得了显著的成就，积累了大量可供分析和利用的政务信息资源。要全面把握民族事务错综复杂的特征，增强政府洞察民族问题的能力，除了继续坚定不移地执行党的民族政策和民族区域自治制度以外，通过实现民族事务相关数据资源的整合与共享，建设国家民族事务大数据体系是另外一条可以考虑的途径。

2015 年 8 月 31 日，国务院印发《促进大数据发展行动纲要》(国发 [2015] 50 号)，标志着大数据正式上升为我国的国家战略。《促进大数据发展行动纲要》指出，大数据成为提升政府治理能力的新途径。大数据应用能够揭示传统技术方式难以展现的关联关系，推动政府数据开放共享，促进社会事业数据融合和资源整合，将极大提升政府整体数据分析能力，为有效处理复杂社会问题提供新的手段。建立"用数据说话、用数据决策、用数据管理、用数据创新"的管理机制，实现基于数据的科学决策，将推动政府管理理念和社会治理模式进步，加快建设与社会主义市场经济体制和中国特色社会主义事业发展相适应的法治政府、创新政府、廉洁政府和服务型政府，逐步实现政府治理能力现代化。《促进大数据发展行动纲要》对未来几年"政府治理大数据工程"进行了部署，提出要推动宏观调控决策支持、风险预警和执行监督大数据应用；统筹利用政府和社会数据资源，探索建立国家宏观调控决策支持、风险预警和执行监督大数据应用体系。发挥现代信息技术优势，构建国家民族事务大数据体系，应对民族工作中各类复杂问题和特殊矛盾，提升国家民族事务的治理能力，是我国民族事务治理现代化的重要内容。

1.1.2　研究意义

本书的研究结论对于推动民族地区大数据技术的应用具有一定的参考价值，有助于提高国家民族事务治理的精准化和智能化程度，对民族地区社会稳定和长治久安的整体格局也有重要的促进作用。大数据在我国民族事务治理当中的应用具有重要的现实意义和深远的社会影响，主要体现在：(1) 通过完善基础信息的采集、管理和利用，改变民族事务领域的粗放式管理方式，提高民族事务管理的精细化、标准化程度；(2) 通过民族事务大数据体系建设，逐步在民族地区公共管理领域培养以尊重事实、推崇理性、强调精确、注重细节为价值导向的"数据文化",带动民族地区公共管理的现代化进程;(3) 通过民族事务大数据体系建设,为政府宏观决策提供数据支持,提高民族地区政府决策的科学化水平;(4) 通过对民族事务大数据进行分析,准确预测民族事务领域关键问题的发展演变趋势,为政府决策和政策制定提供支持;(5) 建立民族事务风险预警模型,自动识别和判断民族事务管理过程中的各类风险因素,以便政府提前采取措施进行应对。

1.2 研究现状

大数据(Big Data)是近年来随着移动互联网、物联网、云计算等技术的快速兴起而受到广泛关注的热门信息化领域。目前,大数据已经成为美国、英国、澳大利亚、欧盟等国家和地区提升社会事务治理能力,推动社会开放式创新的重要战略举措。在国务院发布《促进大数据发展行动纲要》以来,大数据在民族事务治理中的应用已经引起一些学者的关注,一些民族自治地区开始应用大数据思维开展工作并取得了积极的成效。

1.2.1 国外相关研究综述

2009 年 1 月,美国政府发布了《开放政府指令》(Open Government Directive),制定了各行政部门与机构所采取的具体步骤,以实现政府透明、参与及合作的原则。作为政府开放行动的旗舰级项目,Data.gov 项目于 2009 年 5 月启动。该项目目标是以免费、易用的方式,向公众提供联邦政府产生和保管的高价值的、可机读的数据集,这样可以使公众很容易地发现、获取、理解并使用联邦政府的数据。依照原始、地理数据和数据工具三个门类,截至 2012 年 11 月,Data.gov 共开放出了 388 529 项原始数据和地理数据,涵盖了农业、气象、金融、就业、人口统计、教育、医疗、交通、能源等约 50 个门类,汇集了从家庭和企业能耗趋势分析到全球实时地震通知等各类数据。2012 年 3 月 29 日,美国政府推出了"大数据研究与开发计划"。在此基础上,美国又于 2016 年 5 月发布了《联邦大数据研究与开发战略计划》,其目标是对联邦机构的大数据相关项目和投资进行指导。该计划主要围绕代表大数据研发关键领域的七个战略进行,包括促进人类对科学、医学和安全所有分支的认识;确保美国在研发领域继续发挥领导作用;通过研发来提高美国和世界解决紧迫社会和环境问题的能力。2013 年 8 月,澳大利亚政府信息管理办公室(AGIMO)发布了《澳大利亚公共服务大数据战略》。该战略以"数据属于国有资产,从设计着手保护隐私,数据完整性与程序透明度、技巧、资源共享，与业界和学界合作，强化开放数据"六条大数据原则为支撑，旨在推动公共行业利用大数据分析进行服务改革，制定更好的公共政策，保护公民隐私，使澳大利亚在该领域跻身全球领先水平。2013 年 10 月 31 日，英国商务、创新和技能部发布《英国数据能力发展战略规划》，旨在使英国成为大数据分析的世界领跑者，并使公民和消费者、企业界和学术界、公共部门和私营部门均从中获益。该战略在定义数据能力以及如何提高数据能力方面进行了系统性的研究分析，并提出了举措建议。数据能力主要包含三方面：首先是人力资本，包括高技术水平的人才队伍，以及了解数据、会使用数据的广大民众；其次是基础设施、软件和研发能力，包括计算和存储设备、数据工具和数据技术的开发研究等；再次是数据资产，体现在数据本身的丰富性、可用性和开放性等方面。为提高上述能力，《英国数据能力发展战略规划》提出了一系列措施：在人才建设方面，通过大力发展数据相关技术、全面提升和改革教育体系中数据相关课程和专业研究，以及企业的人才激励和数据相关职业的发展来促进人才的培育；在基础设施、软件和协同研发方面，以强大的数据存储、云计算、网络等基础设施为基础，大力开发新软件和新技术，提升研发实力，促进学校和企业、跨学科/跨领域的机构和部门之间的合作共赢；重视数据安全和隐私保护，完善法律和制度建设，合理进行数据共享和信息公开。2014 年 7 月，欧盟宣布未来将采取一些具体措施发展大数据业务，例如建立大数据领域的公私合作关系，资助推出具有颠覆意义的大数据理念；依托"地平线 2020"科研规划，创建开放式数据孵化器；就"数据所有权"和数据提供责任做出新规定；制定数据标准，找出潜在问题；成立多个超级计算中心；在成员国创建数据处理设施网络等。

1.2.2　国内相关研究综述

发挥现代信息技术的优势，提升民族事务治理能力，一直是我国民族工作的重要内容。20 世纪 80 年代以来，为了使少数民族群众共享信息化时代的成果，国家采取多种措施促进少数民族语言文字规范化、标准化和信息处理工作的健康发展，先后制定发布了蒙古文、藏文、维吾尔文、哈萨克文、朝鲜文、彝文、傣文等少数民族文字的编码、字型、术语等方面的国家标准，实现了少数民族文字计算机编辑、排版和检索，一系列少数民族语言操作系统、字处理软件、办公自动化系统、政府门户网站开始在民族地区得到应用。2010 年以来，大数据(Big Data)逐步成为全球信息化领域关注的热点，成为人类生产生活方式的重要力量。为了迎接大数据时代社会治理方式的变革，以贵州省、云南省等为代表的一些民族地区政府机构开始探索运用大数据思维改进民族工作的途径。例如，贵阳市大山洞社区通过进行居民信息的全采集、全录入，实现社区少数人口分布规律分析、预约民族事务办理，帮扶经济困难的少数民族群众；云南省在精准扶贫工作中对 700 万建档立卡的贫困人口、4277 个贫困村、73 个国家级重点县、85 个片区县的数据在信息平台上进行了统计汇总，实现了对扶持对象的查询追踪和帮扶效果检查考评的明确化、具体化。上述实践探索是大数据思维在民族工作中的应用，还不是学术意义上的大数据体系。

与此同时，一些学者和机构也在开始思考大数据技术在民族事务中应用的一些基础性问题。例如，石亚洲研究了大数据技术驱动民族事务治理创新的途径，认为大数据技术将会使民族工作决策更加科学，有利于提升民族工作管理和服务能力，有利于民族平等和团结，全面提升政府应对民族工作复杂性和特殊局面的能力；范凯波、高静学研究了将大数据技术优势与城市少数民族生产生活相结合的方式；彭慕莉研究了利用大数据技术改进城市少数民族人口管理和服务的途径；奉媛探讨了大数据与深入实施民族区域自治法的关系；《贵州民族报》发表评论员文章，认为民族工作应该而且必须与时俱进，将互联网思维贯穿民族工作管理全过程，逐步构建起基于大数据的民族工作体系。

总体而言，大数据在我国的研究和应用都处在起步阶段，诸多问题还在探索当中。目前，大数据在民族工作中的应用所具有的重大社会意义和广阔发展前景正在被越来越多的机构和学者所认识，构建基于大数据的民族事务治理体系的呼声正在兴起。从战略层面上对民族事务大数据建设的理论和实践进行系统性思考，按照科学的流程和方法，统筹规划民族事务大数据体系建设涉及的方方面面的因素，为国家民族事务管理委员会以及民族地区各级政府机关提供严谨、系统、可行的战略性规划方案，已经成为国家民族事务治理方式创新的迫切需求。

1.3　问题界定

中国民族事务大数据体系是一个涉及民族学、情报学、计算机科学等多个学科的交叉性研究领域，为了便于研究的进行，有必要首先对研究的问题和目标进行界定。

1.3.1　核心问题

民族与宗教问题是世界绝大多数国家面临的挑战，我国也不例外。作为统一的多民族国家，我国民族团结和共同繁荣的总体格局是好的，各民族自治地方在国家的统一领导之下，立足本地实际，行使法律赋予的区域自治权，在经济、社会、文化等领域取得了令人瞩目的成就。然而，与此同时，我国民族地区社会治理也存在较多问题，信息掌握不全面，对潜在危机的预见和提前应对能力不足。本书是在"大数据"成为国家战略以及国家推进治理体系和治理能力现代化的背景下，针对我国民族事务治理过程中所存在的信息分散、管理精准化程度低、决策科学化程度有待提升、风险和危机预测能力不强等问题，提出"中国民族事务大数据工程"的建设构想，为我国民族事务的科学决策、风险预警、政策模拟等功能的实现提供技术支持。本书的研究成果对于提高我国民族事务的治理能力和治理水平，促进民族地区经济社会全面发展和社会长治久安具有极为重要的影响。

1.3.2　研究内容

本书的核心目标是从理论层面上完成"中国民族事务大数据体系"的系统性规划和论证，为国家制定相关民族政策提供基础理论支撑和决策支持。主要研究内容包括：(1) 中国民族事务大数据体系的战略定位分析。通过对国家民族事务管理需求的分析，明确民族事务大数据体系在国家治理体系中的战略定位，梳理各类应用需求的优先次序。(2) 中国民族事务大数据体系的总体框架。在价值分析的基础上，研究大数据核心业务与各类影响因素之间的互动关系，构建中国民族事务大数据体系的全域信息模型，进而完成体系整体性设计。(3) 中国民族事务大数据来源的规划管理。基于中国民族地区管理中存在的忽视数据，数据不完整、不规范、不真实等问题，研究从源头开始保障数据质量的理论和方法，引导民族地区政府、企业和各类社会组织逐步建立精准化、体系化的"数据文化"。(4) "中国民族事务大数据平台"的架构设计。结合价值链分析的结果，确定中国民族事务大数据平台的功能定位，参考 Hadoop/MapReduce/NoSQL 等主流技术，完成中国民族事务大数据平台的逻辑架构设计、物理架构设计和技术架构设计，为国家民族事务管理委员会推动这一项目的实施提供参考。(5) 中国民族事务大数据生态的保障体系。中国民族事务大数据体系支持性要素的优化方案，研究对大数据主体价值链起支撑性作用的基础设施建设、制度体系完善、人力资源调配、核心技术开发和数据文化培育等问题。(6) 中国民族事务大数据工程的实施建议。立足我国民族事务管理和民族地区信息化建设的实际，对于国家民族事务管理委员会推动大数据体系建设提供科学、系统、可行的实施建议方案。其中，需要重点关注和解决的问题主要有：① 中国民族事务大数据体系数据源开放与共享过程中的合法权益保护和利益引导机制；② 中国民族事务大数据体系基础数据源真实性、完整性、可靠性和安全性的保障机制；③ 中国民族事务大数据体系海量、多源、异构基础数据资源的抽取、转换和加载方法；④ 中国民族事务大数据体系中面向智能应用的数据大规模关联分析和挖掘的理论和方法；⑤ 基于大数据体系的中国民族事务的精准化、科学化、全景式决策和管理体系的构建策略等。

1.4　研　究　方　案

"中国民族事务大数据体系"是大数据理念和技术在我国民族事务治理领域的应用，需要围绕我国民族事务治理需求进行体系规划和设计，同时结合我国民族地区经济社会发展实际有计划、有步骤地逐步推进。

1.4.1　研究思路

中国民族事务大数据体系建设是一项复杂的系统工程，涉及战略、战术和执行三个层面。其中，战略层主要解决"为什么要构建民族事务大数据体系(why to do)"的问题；战术层主要解决"构建什么样的民族事务大数据体系(what to do)"的问题；执行层解决"如何构建民族事务大数据体系(how to do)"的问题。三个层面紧密联系，上层指导下层，下层支撑上层，构成完整的管理体系。基于上述思想，本书的研究主要从下述三个层面展开：

第一层，战略层。中国民族事务大数据体系的战略定位，主要涉及中国民族事务大数据体系的概念界定、内涵分析和战略价值等方面。

第二层，战术层。中国民族事务大数据体系的总体框架，主要涉及中国民族事务大数据来源的规划管理、中国民族事务大数据平台的架构设计、中国民族事务大数据生态的保障体系三个方面的内容。其中，中国民族事务大数据平台的架构设计是整个项目研究的核心内容，可以细分为大数据存储基础设施、大数据汇集与组织子系统、大数据分析与挖掘子系统、大数据应用与服务子系统等。国家民族事务大数据来源的规划与管理主要是应用顶层设计方法和工具，对民族事务大数据进行战略规划，明确需要采集的数据资源、采集的方法与策略、来源数据治理控制与管理等。民族事务大数据生态的保障体系分为制度保障体系、管理保障体系和安全管理体系三个组成部分，其目的是保障基于大数据中心平台的大数据生态系统正常运作，发挥大数据的决策和管理价值。

第三层，执行层。中国民族事务大数据工程的建设方案，主要是国家民族事务大数据体系的理论研究，对我国实施"民族事务大数据工程"的总体目标、实施步骤、实施策略等做出规划和安排。

1.4.2 研究方法

"中国民族事务大数据体系"属于民族学和信息工程学的交叉问题，在研究过程中以信息工程学的"瀑布模型(Water Fall Model)"为主。瀑布模型是将软件生存周期的各项活动规定为按固定顺序连接的若干阶段工作，形如瀑布流水，最终得到软件产品。瀑布模型的核心思想是按工序将问题化简，将功能的实现与设计分开，便于分工协作，即采用瀑布模型结构化的分析与设计方法将逻辑实现与物理实现分开。将软件生命周期划分为制订计划、需求分析、软件设计、程序编写、软件测试和运行维护六个基本活动，并且规定了它们自上而下、相互衔接的固定次序，如同瀑布流水，逐级下落。瀑布模型是最早出现的软件开发模型，在软件工程中占有重要的地位，它提供了软件开发的基本框架。参考瀑布模型，本书的研究整体采取了以"自上而下"的理论演绎法为主，以"自下而上"实证归纳法为辅的研究方法，也就是要通过对国家民族事务治理职能及其决策需求的分析，推导出中国民族事务大数据体系的数据模型，进而基于这个模型设计与之对应的技术平台架构和制度体系框架等。

此外，本书根据研究的特点，灵活运用了以下各种研究方法：(1) 文献分析法，主要通过对大数据领域国内外相关研究的追踪和分析，对研究课题有更加全面而深刻的理解。(2) 价值链(Value Chain)分析法。基于价值链理论，通过分析大数据技术价值的产生机理，分别从基本增值活动和支持性活动两个方面构建民族事务大数据价值链的理论模型，探讨模型各构成要素之间互动的规律性，提出推进我国民族事务大数据体系的总体框架。(3) EA 架构规划法。在进行中国民族事务大数据来源规划时，采取 EA 架构规划方法，从民族事务职能出发，推导出业务模型、信息模型和技术模型，基于推导结果确定大数据采集的范围和方法。(4) 简化实验法。基于大数据挖掘与分析当中的问题构建简化实验环境，通过技术实验，验证数据挖掘算法的有效性及其应用价值。(5) 信息生态学(Information Ecology)方法。应用信息生态学方法，研究保障民族事务大数据运行和管理的各类制度要素、管理要素、技术要素及其互动关系，为大数据信息生态系统的优化提供改进思路。

1.4.3 章节安排

根据上述思想，本书的章节安排如下：

第 1 章绪论，主要介绍本书的研究背景、研究意义、国内外研究现状，本书的研究定位，研究思路和研究方法等。

第 2 章中国民族事务大数据体系的战略定位，主要介绍中国民族事务大数据体系的概念与内涵，中国民族事务大数据体系的应用价值和功能定位等。

第 3 章中国民族事务大数据体系的总体框架，主要借鉴价值链思想和信息工程学的通用信息系统工程模型，构建了民族事务大数据体系的框架模型。

第 4 章中国民族事务大数据来源的规划管理，主要基于 EA 原理，对民族事务大数据体系来源数据进行战略规划，明确需要纳入大数据体系的基础数据的类型、采用和采集途径，同时对基础数据质量进行前端管理和控制。

第 5 章中国民族事务大数据平台的技术架构，主要介绍大数据体系核心数据平台各个模块的功能和实现方法，包括大数据汇集与组织子系统、大数据分析与挖掘子系统和大数据应用与服务子系统等。

第 6 章中国民族事务大数据生态的保障体系，主要介绍支持国家民族事务大数据体系正常运行的法规保障体系、标准保障体系和管理保障体系等。

第 7 章中国民族事务大数据工程的建设方案，主要基于对民族事务大数据体系的理论分析，结合我国民族地区经济社会发展实际，提出建设民族事务大数据体系的执行方案，包括建设目标、建设内容、建设周期、建设策略等。

第 8 章结语，总结研究的核心结论和创新点，对后续研究进行展望。

本 章 小 结

大数据已经成为美国、英国、澳大利亚、欧盟等国家和地区提升社会事务治理能力，推动社会开放式创新的重要战略举措。国务院发布《促进大数据发展行动纲要》以来，大数据在民族事务治理中的应用引起学界的关注，一些民族自治地区开始应用大数据思维开展工作并取得了积极的成效。受到多方面因素的影响，我国的民族事务治理呈现出高度复杂性特征，发挥现代信息技术的优势，构建民族事务大数据体系，是新时期民族事务治理体系和治理能力现代化的重要课题。

　　本书是在"大数据"成为国家战略以及国家推进治理体系和治理能力现代化的背景下，针对我国民族事务治理过程中所存在的信息分散、管理精准化程度低、决策科学化程度有待提升、风险和危机预测能力不强等问题，提出"中国民族事务大数据工程"的建设构想，为我国民族事务的科学决策、风险预警、政策模拟等功能的实现提供技术支持。本书的研究成果对于提高我国民族事务的治理能力和治理水平，促进民族地区经济社会全面发展和社会长治久安具有极为重要的影响。

　　中国民族事务大数据体系建设是一项复杂的系统工程，涉及战略、战术和执行三个层面。其中，战略层即中国民族事务大数据体系的战略定位，主要解决"为什么要构建民族事务大数据体系(why to do)"的问题；战术层即中国民族事务大数据体系的总体框架，主要解决"构建什么样的民族事务大数据体系(what to do)"的问题；执行层即中国民族事务大数据工程的建设方案，主要解决"如何构建民族事务大数据体系(how to do)"的问题。三个层面紧密联系，上层指导下层，下层支撑上层，构成完整的管理体系。

第 2 章　中国民族事务大数据体系的战略定位

中国民族事务大数据是国家民族事务管理委员会适应大数据时代治理模式转型，用信息技术驱动民族事务治理能力现代化的重大战略举措。本章在对中国民族事务大数据进行概念界定的基础上，分析其功能定位和社会影响。

2.1　中国民族事务大数据的概念界定

概念界定是项目研究的基础工作，要给出民族事务大数据的定义，必须先对"大数据"、"民族事务"的内涵与范畴做准确界定。

2.1.1　大数据

"大数据"是近年来随着移动互联网、物联网、云计算等技术的快速兴起而受到广泛关注的热门信息化领域。全球最早对"大数据"的研究可以追溯到 20 世纪 70 年代美国 Apache 公司的开源项目 Nutch，该项目把大数据描述为用例更新网络搜索索引以及需要同时批量处理和分析的大量数据集。1980 年，著名未来学家阿尔文·托夫勒在其名著《第三次浪潮》当中，给予大数据高度评价，称它为"第三次浪潮的华彩乐章"。

2009 年以来，"大数据"是 IT 行业的流行语汇，国内外一些著名研究机构都对大数据的概念做出过界定，但迄今为止还没有一个能够被各方广泛接受的权威定义。例如，研究机构 Gartner 认为：大数据是需要借助新的处理模式才能拥有更强决策力、洞察力和流程优化能力的，具有海量、多样性和高增长率等特点的信息资产。著名咨询公司麦肯锡认为：大数据是指在一定时间内无法用传统数据库软件工具采集、存储、管理和分析其内容的数据集合。维基百科认为：大数据是指需要处理的资料量规模巨大，且无法在合理的时间内通过主流软件工具采集、管理和处理的资料，它是帮助企业经营决策的资讯。IDC 对大数据的定义为：大数据一般会涉及两种或者两种以上的数据形式，它要求收集超过 100 TB 的数据，并且是高速、实时的数据流，或者是从小数据开始，但是数据量每年会增长 60% 以上。从大数据的概念来看，从不同的视角出发就会得出不同的结论，有的侧重于数据体量，有的侧重于处理能力，有的侧重于应用价值。本书认为，对大数据的定义不能单纯从体量上来界定，"大数据"这一概念具有明显的时代特征，是个相对意义上的概念，今天看来的大数据在未来就不一定认为其体量有多大。因此，对大数据的理解还是要抓住其区别于其他 IT 技术的本质特征，即从大规模、多样性数据中快速提取有价值信息的能力。

尽管对于大数据的定义还没有达成共识，学术界和产业界普遍认为，大数据的"大"，一般理解为数据集的四个典型特征，即所谓的"4V"特征：第一，数据体量大(Volume)，大数据的体量往往数倍于结构化数据管理系统的数据量，甚至超出传统数据处理技术的能力极限；第二，数据多样性(Variety)，大数据一般是由多种来源的数据聚合而成，数据种类和格式极其丰富，结构化、半结构化和非结构化数据都囊括其中；第三，产生速度快(Velocity)，是指数据产生的速度非常快，因而要求数据处理速度也比较快；第四，价值密度低(Value)，大数据经过分析和挖掘可以获得有助于管理和决策的高价值信息，但是这些高价值信息的数据量与基础数据集的体量相比非常小，呈现出价值稀疏性特征。综合上述特征，本书认为"大数据"是指面向高价值信息快速精准分析和智能挖掘的大体量、多来源、多样性原始数据的集合。"大数据"的内涵主要包括以下方面：

第一，"大数据"并不是一种具体的信息技术，而是一种用来整合多种信息技术的战略框架和思维模式。"大数据"与"大数据实现技术"之间并没有必然的关联，数据挖掘(Data Mining，DM)是从大量数据中提炼、发现知识和规律的技术，属于大数据的核心技术，但是"大数据"并不等于大规模"数据挖掘"。此外，Hadoop、MapReduce、NoSQL 等大体量、多样性数据处理技术已经成为当前大数据领域的主流技术，但是也不能认为已经发展多年的基于数据仓库的商务智能、政务智能等技术就没有体现大数据思维。

第二，大数据的本质特征不在于其体量的"大"，而在于其内容的"全"。大数据与小数据相比最大的区别是基础数据的"全局性(Comprehensiveness)"。大数据通过整合不同系统产生的数据，使得由于业务分工原因导致的大量碎片化数据重新整合到一起，拼接成为完整的全局数据视图，进而使基于全局数据的"全景式管理"成为可能。因此，体量巨大、种类繁多都只是大数据整合所产生的结果，大数据与其他类型数据相比较最大的优势在于"全局性"，从这个意义上讲，大数据可以理解为"全数据"。当然，大数据是否"全面"实际上并没有客观的标准，大数据整合只是尽最大的可能采集尽可能多的数据，从而使数据反映出来的信息尽可能反映出社会生活的原貌。当某一领域涉及的绝大部分数据被整合在一起的时候，就可以按照"样本＝总体"的全局数据思维进行分析和决策，得出比抽样分析更为精准的结论。

第三，大数据的价值主要通过数据分析和挖掘来体现，但是最重要的"瓶颈环节"并不是数据分析和挖掘，而是基础数据的开放与整合。信息工程学认为，输入决定输出，如果基础数据本身不可信，整个系统的分析结论就毫无意义。因此，保障基础数据的真实性、完整性和可靠性就是大数据体系首先需要解决的问题。此外，大数据最终是服务于信息分析和挖掘的，但是对整个体系的成败有决定性影响的不是信息分析和挖掘，而是数据整合程度。虽然信息分析和挖掘也是高度复杂的任务，但是相对而言纯技术领域的问题多一些，而"数据整合"则是综合了技术和管理等多种因素的高度复杂性的任务，不仅仅是数据的技术性共享，而且是与相关各方进行利益博弈的过程，涉及整个社会的方方面面。如果基础数据无法整合到一起，信息的分析和数据挖掘技术即使再先进，也会成为"无源之水，无本之木"。

第四，大数据是面向信息智能分析的，但是其对社会产生的影响将是全面而深远的。大数据意味着对来自多种来源的数据进行整合，在为关联分析和数据挖掘提供基础数据的同时，也为各个数据源提供了公共的信息共享平台，使其可以通过这个平台访问到其他机构的数据，这种变化会对一些需要跨越多个部门的流程型业务产生巨大的影响，业务形态也会随着数据共享程度的变化而进行调整，进而改变社会组织的结构，组织之间的边界将不再清晰，而将演变为一种网络型的组织形态。此外，大数据体系的建立与运行也会改变机构的管理文化，逐步形成以精准治理为特征的新型数据文化。

2.1.2　民族事务

中国是统一的多民族国家，新中国成立以后通过识别并由中央政府确认的民族共有 56 个，其中汉族人口最多，其他 55 个民族人口相对较少，习惯上称为少数民族。民族一般是指基于历史、文化、语言、宗教、行为、生物特征等因素而与其他人群有所区别的群体。马克思主义认为，民族是人们在历史上形成的一个有共同语言、共同地域、共同经济生活以及表现在共同文化上的共同心理素质的稳定的共同体。民族事务(Ethnic Affairs)是中国少数民族或民族地区经济社会发展相关事务的总称，主要包括贯彻实施各民族一律平等的民族政策，在各少数民族聚居的地方实行民族区域自治制度，保障各少数民族的合法权益和利益，帮助少数民族和民族地区发展经济和社会事业，维护和发展平等、团结、互助、和谐的民族关系等。民族事务关系到民族地区经济和社会事业发展，关系到边疆社会稳定和国家长治久安，在国家治理的整体格局中发挥着举足轻重的作用。受到政治、经济、历史、宗教、文化等多方面因素的影响，中国的民族事务需要妥善处理错综复杂的矛盾，应对特殊的挑战和问题，呈现高度的复杂性特征，对于政府的社会治理能力提出了非常高的要求。

由于民族事务具有综合性、复杂性特征，很难准确界定其概念的内涵，本书研究过程中主要参考国家民族事务委员会的工作职责来确定民族事务的大致范畴。国家民族事务委员会是中华人民共和国最早成立的中央部委之一。1949年10月22日，中央人民政府民族事务委员会成立，简称中央民委。1954年全国人大一次会议上，中央人民政府民族事务委员会改称中华人民共和国民族事务委员会。1970年6月22日，中华人民共和国民族事务委员会被撤销。1978年，全国人大五届一次会议决定恢复国家民族事务委员会，简称国家民委，此后一直作为国务院组成部门。

国家民族事务委员会的职责主要包括：

(1) 贯彻执行党中央、国务院关于民族工作的方针、政策，组织开展民族理论、民族政策和民族工作重大问题的调查研究，提出有关民族工作的政策建议。

(2) 负责协调推动有关部门履行民族工作相关职责，促进民族政策在经济发展和社会事业有关领域的实施、衔接，对政府系统民族工作进行业务指导。

(3) 起草民族法律法规和政策规定，负责督促检查落实情况，保障少数民族的合法权益，联系民族自治地方，协调、指导民族区域自治法的贯彻落实。

(4) 研究提出协调民族关系的工作建议，协调处理民族关系中的重大事项，参与协调民族地区社会稳定工作，促进各民族共同团结奋斗、共同繁荣发展，维护国家统一。

(5) 负责拟订少数民族事业等专项规划，监督检查规划实施情况，参与拟订少数民族和民族地区经济社会相关领域的发展规划，促进建立和完善少数民族事业发展综合评价监测体系，推进实施民族事务服务体系和民族事务管理信息化建设。

(6) 研究分析少数民族和民族地区经济发展、社会事业方面的问题并提出特殊政策建议，协调或配合有关部门处理相关事宜，参与协调民族地区科技发展、对口支援和经济技术合作等有关工作。

(7) 负责组织指导民族政策、民族法律法规和民族基本知识的宣传教育工作，承办国务院民族团结进步表彰活动，组织协调民族自治地方重大庆典活动。

(8) 管理少数民族语言文字工作，指导少数民族语言文字的翻译、出版和民族古籍的搜集、整理、出版工作。

(9) 负责组织协调民族工作领域有关对外和对港澳台的交流与合作，参与涉及民族事务的对外宣传工作。

(10) 参与拟订少数民族人才队伍建设规划，联系少数民族干部，协助有关部门做好少数民族干部的培养、教育和使用工作。

(11) 承办国务院交办的其他事项。

2.1.3　民族事务大数据

综上所述，狭义的"中国民族事务大数据"是指支持国家民族事务决策信息快速精准分析和智能挖掘的大体量、多来源、多样性原始数据的集合。广义的"中国民族事务大数据"除了狭义的大数据之外，还包括支持民族事务大数据价值实现的软硬件设备、法律规章、标准规范、管理机制、资金投入、人力资源等因素的集合。由定义可知，"中国民族事务大数据"本质上是支持国家民族事务委员会科学决策的原始数据集合，是在数据处理环境下，另外构建的智能化的数据分析环境，是国家民族事务委员会借助现代信息技术所构建的增强民族事务预见能力，提高民族事务治理精准化、科学化程度的新型工具。

2.2　中国民族事务大数据的功能定位

随着大数据时代的到来，计算机系统的数据分析和数据挖掘功能日渐强大，如果民族事务决策所依据的信息全面性越来越高，则可以取得更为精准、更有预见性的分析结果，从而可以大幅度提高决策的科学化、智能化程度。"中国民族事务大数据"在民族事务决策中的功能主要有以下几个方面。

2.2.1　民族事务统计分析

统计分析是对构成大数据的原始数据进行深度分析，从而更好地把握相关要素之间的关系及其规律。统计分析常见的分析方法主要包括对比分析、结构分析、因素分析、交叉分析等。例如，通过对全国人口数据进行统计分析，发现其中少数民族人口和汉族人口比例的发展变化，分析各少数民族人口数量、人口受教育程度、人口年龄结构等因素的精确变化，从而为制定与人口相关的教育政策、医疗政策、社保政策、养老政策等提供更加准确的依据。与传统小数据人口分析不同的是，大数据分析不再需要进行抽样，而是基于全面数据所做的准确分析，分析的结果就是研究对象的真实特征，基于这种结果做出的决策其理性程度较高。

2.2.2　民族事务趋势预测

趋势预测是将实际达到的结果，通过比较不同时期的数据，继而明确该指标的变化趋势及变化规律的一种数据分析方法。趋势预测可以运用在民族地区经济社会发展的各个领域，例如可以根据历史数据，预测民族地区城镇化水平未来的发展趋势，对某一区域的国民生产总值进行预测，进而为制定规划提供决策参考。趋势预测是提高民族事务预见性的一种手段，可以提前预知可能出现的不良后果，进而采取有效措施予以避免。例如，如果某民族自治地方由于发展经济造成生态环境破坏，则会导致其经济社会发展不能持续，必须提前采取措施，将经济活动控制在生态容量可以承受的范围之内。

2.2.3　民族事务决策支持

对于政府部门而言，大数据所能带来的巨大能量已经开始显现。大数据分析绝不仅仅是信息技术领域的革命，更是建设数据政府，引领政府智能决策的利器。在政策制定阶段，数据分析是决定政策质量高低的关键性要素，通过对历史数据的有效分析，可以为政策制定提供更为直接、更加重要的参考。例如，广西壮族自治区采用了国家人口管理与决策信息系统，通过输入本地的相关具体数据和备选政策，最终做出修改自治区人口和计划生育条例的决定，将两个子女的条件从以前的"夫妻双方均是独生子女"放宽为"夫妻一方是独生子女"。

2.2.4　民族事务规律挖掘

规律挖掘是大数据应用的核心内容之一，例如在公共交通运输行业，大数据技术的应用可以使其服务水平得到极大的提升和改变。大数据的虚拟性及信息集成优势和组合效率在较大程度上改变了传统公共交通管理的路径。大数据可以跨越行政区域的限制，有利于信息的跨区域管理。利用大数据技术进行集成、检索和分析，挖掘出有价值的相关信息，尽可能满足各种交通需求，从而使交通障碍问题得以顺利解决。例如，民族地区地方交通管理部门，根据高速公路收费数据，结合交通流量调查信息，就可以掌握交通路网流量的变化规律，进而提前采取措施进行疏导，从而可以更加合理地配置城市交通资源。

2.2.5　民族事务实时监测

通过大数据，传统的管理方式将被颠覆，与此同时组织管理的有效性将得到大幅度提高。例如，在对食品、药品等企业的监管方面，传统的管理模式是依赖组织层级和严格的流程，以及信息的层层汇集来实现的。在大数据时代，质监部门的工作模式将会被重构。在大数据支持下，质监部门可以通过远程数据传输、监控，对企业实行实时数据对比监管，对新的监管数据实时录入，并进行远程在线指挥。通过对大数据的对比分析和挖掘，政府可以利用监管变量之间的相关性来实现远程监管。例如，通过对受监管企业的用电数据进行分析和挖掘，就可以判断该企业的生产经营情况，从而对其报表数据的真实性进行验证。

2.2.6　民族事务危机预警

民族事务的复杂性决定了其发生社会危机的可能性较高，这些危机一旦发生往往会造成非常严重的后果，使我国民族团结和共同发展的整体格局受到影响。借助大数据系统，通过对危机事件与其他各类因素之间关系的关联分析，就可以掌握民族地区社会危机发生的规律性，从而在危机开始萌芽并表现出初期征兆时，及时采取措施予以应对。基于大数据的民族事务危机预警系统具有多重功能：第一，预见功能。通过对社会生活领域中特定指标进行研究，找出某些敏感性指标的异常变化并预先指出其发展征兆，这种预见性功能是危机预警的首要功能，该系统中的其他功能基本上都是由此衍生出来的。第二，警示功能。通过对政治社会生活领域中的特定指标的监测，政府可以将有关信息和结果向相关部门或社会公众发出警示，发挥导向功能。第三，减缓、延缓功能。比如对一些非人力所能及的自然灾害，就只能尽可能地利用已存在和潜在的条件来尽力减缓、延缓其发展速度，减少其所带来的损失，避免危机的扩大和升级。第四，阻止、化解功能。对于许多现实问题，政府可以通过一定的措施给予相应的阻止和化解，实际上也在某种程度上防范了未来危机事件的爆发。

2.2.7　民族事务政策模拟

政策模拟是利用数学和计算机方法，对实际的政策问题开展建模和模拟的一门以管理科学为总体，融合经济学、地理学、计算机科学等的新型学科。当前政策模拟主要表现为三个领域，宏观经济政策模拟、企业经济政策模拟和资源环境政策模拟，与计算经济学、计算管理科学、地理信息科学等基础性学科，以及决策支持系统等计算机科学紧密联系。无论是哪种类型的政策模拟，其共同特征是要以对政策领域大量的历史数据为前提。民族事务大数据由于采集和保存了与政策相关的海量数据，从而可以方便地从历史数据中获取规律性，为政府建模和模拟提供基础的数据支撑。例如，基于大量历史数据得到草场规模和经济发展的关系模式，从而可以为不同思路的草场保护政策的效果进行计算机模拟。

2.3　中国民族事务大数据的社会影响

大数据的存在价值可以通过数据结构的复杂性和关联性体现出来，可以通过对数据的全面搜集和分析，从各个维度全面反映管理要素的属性、相互关联和运动变化规律，从而提高人类在管理活动中的洞察力和预见能力，实现管理创新。

2.3.1　策应国家民族事务战略

中国民族事务大数据作为国家电子政务体系的组成部门和落实民族事务治理的重要技术依托，需要策应的国家战略主要有以下方面：

第一，国家民族事务管理战略。国家民族事务管理战略主要是指国家通过《宪法》、《民族区域自治法》等法律明确的处理少数民族事务的价值取向和最高原则，以及根据社会发展变化制定的管理方略。国家民族事务管理的价值准则主要有：(1) 民族平等原则：各民族一律平等，国家保障各少数民族的合法权利和利益，禁止对任何民族的歧视和压迫；(2) 民族团结原则：国家维护各民族之间的团结，禁止破坏民族团结和制造民族分裂的行为；(3) 民族互助原则：国家根据各少数民族的特点和需要，帮助各少数民族地区加速经济和文化的发展。近年来，国家根据民族工作形势的变化，提出了"促进各民族交往交流交融"的方针和要求，致力于各民族友好相处、共同发展和共同繁荣。

第二，国家语言文字管理战略。国家语言文字管理战略主要是通过《国家通用语言文字法》和少数民族语言文字管理相关规章制度所体现的国家管理语言文字工作的主要思路和原则。具体而言，主要有以下方面：(1) 尊重各民族的语言文字权：各民族都有使用和发展自己的语言文字的自由，都有保持或者改革自己的风俗习惯的自由；(2) 大力推广国家通用语言文字：国家颁布国家通用语言文字的规范和标准，管理国家通用语言文字的社会应用，支持国家通用语言文字的教学和科学研究，促进国家通用语言文字的规范、丰富和发展；(3) 保护、使用和发展少数民族语言文字：坚持以人为本，尊重群众意愿，保障各民族公民选择学习使用语言文字的自由；坚持实事求是，分类指导，推动少数民族语言文字工作科学发展。

第三，国家电子政务建设战略。国家电子政务建设战略主要是是电子政务建设主管机构制定的国家电子政务建设总体战略，主要包括：(1) 电子政务服务战略：强调服务是电子政务建设的根本目的和落脚点，要建立以公民需求为导向的电子政务公共服务体系；(2) 电子政务信息资源整合战略：强调采取多种措施促进异构电子政务信息资源的整合和共享；(3) 政府信息公开战略：强调通过电子政务平台公开政府相关事务，满足公民的知情权。第四，国家信息技术应用战略。国家信息技术应用战略主要是国家相关机构根据全球信息技术发展趋势所制定的信息技术发展的中长期规划，例如语义网(Semantic Web)、跨语言信息检索(Cross Language Information Retrieval)、机器翻译(Machine Translation)等技术。

2.3.2　驱动民族地区治理创新

中国民族事务大数据作为驱动区域社会治理体系创新的技术手段，需要策应的地区战略主要有以下方面：

第一，加强地方民族团结。民族团结是事关国家和各少数民族的共同利益，是民族自治地方社会治理的第一要务。要加强地方民族团结，就要牢固树立民族平等、民族团结和民族互助的理念，切实执行党的民族政策，保障各少数民族群体的权益，创造促进各民族交往、交流和交融的社会氛围，确保地区各民族和谐相处。同时，要坚决与破坏民族团结的分裂分子做斗争。

第二，维护地方社会稳定。随着中国国际化程度的加深，民族自治地方社会稳定与安全面临着新的挑战。民族意识的强化和民族地区落后的现状，有可能成为未来影响民族地区社会稳定与安全的最大隐患。保障民族地区的社会稳定与安全，就要求民族自治地方政府转变观念，更多地从民族发展的角度考虑，采取有效措施解决民族地区经济落后的问题，缩小各民族发展的差距，并通过各种手段协调利益冲突，平衡整体利益、局部利益和个体利益之间的关系，使其能够协调和统一，实现多方利益的共赢和发展，以保证民族地区的长治久安。

第三，推动地方经济社会发展。民族自治地方政府由于肩负着维护民族团结、促进民族地区发展的重要任务，所以应当根据民族地区经济、社会、文化发展等方面的特点，依据宪法和民族区域自治法所赋予的权力科学决策、科学管理，引导和推进本地区经济和各项社会事业的和谐发展。

第四，繁荣地方社会文化。文化是民族凝聚力和创造力的重要源泉，文化建设可以为民族自治地方的发展提供巨大的精神动力，增进民族团结，维护社会稳定，还能帮助自治地方的人民转变思想观念、提高文化素质、增强竞争意识和适应能力。民族自治地方政府应该强化文化职能，保护和传承民族传统文化，大力弘扬社会主义文化，满足各族人民的精神文化需要。

2.3.3　实现民族事务精准治理

中国民族事务大数据为提升我国政府民族事务管理能力提供强有力的技术支撑。比如，要了解城市少数民族人口的分布规律和生存状态，通过传统的社会调查方法不仅效率低下，获取信息不全且准确度低。在大数据环境下，城市公安、教育、医疗、民政、社保等部门的业务数据汇集到一起，通过对涉及的少数民族个体信息进行检索和深度挖掘，就可以准确、全面、动态地反映出所在地区城市少数民族人口的规模、结构、分布状况以及流动的规律，从而为政府有针对性地进行就业、教育、医疗、社保等相关公共资源的配置，提高城市少数民族人口公共服务的水平和质量奠定基础。据报道，上海市通过建立社区少数民族人员信息资料库，并与公安、民政等部门加强联系，建立少数民族流动人口信息交换共享平台，形成社区民族工作大数据，有针对性地开展民族工作。与基于民族事务大数据的精准服务紧密联系的是精准扶贫工作。这项工作由于涉及的地区、人员众多，政府扶贫工作部门往往无法真实了解基层群众日常生活的具体情况，在实践中通常是根据对总体测算的结果，将扶贫指标下放到基层行政村，由村民自治组织推荐扶助人选，这种做法不精确，容易导致真正需要受助的人口不能及时得到救助。如果将与人口日常消费信息、收入信息、支出信息等数据库相联系，则可以通过算法快速筛选出处于贫困状态的人口，为进一步确认奠定基础。

2.3.4　推动民族事务治理模式转型

中国民族事务大数据使得数据驱动政府治理成为可能，可以带动政府民族事务治理模式向着"智能化、开放化、现代化"方向发展。首先，基于中国民族事务大数据体系，通过对民族事务相关的各类数据的相关性分析，可以准确预测各类具体领域的发展动态，提前预知可能出现的挑战和困难，把社会危机和矛盾解决在其爆发之前，从而变依靠领导者个人知识和能力进行决策的方式为依靠数据分析结果进行决策分析的方式，最大限度地提高决策的科学性和有效性。其次，中国民族事务大数据体系的构建过程，同时也是基层政府业务数据开放和共享的过程，需要克服传统的模糊、含混的工作习惯，从源头入手完善数据来源体系，使政府的运作更加精确、开放、透明，从另一个侧面实现了对这些机构业务的监督和审计，促进了公共权力运行的廉洁程度。再次，中国民族事务大数据体系的构建过程也是实现民族事务治理能力现代化的过程。在大数据背景下，政府需要不断增强数据采集、处理、分析的能力，从而使政府可以解释、了解、预测和判断民族事务治理过程中各类关键性要素的结构和状态，实现及时和有效治理。

本 章 小 结

"中国民族事务大数据"是指支持国家民族事务决策信息快速精准分析和智能挖掘的大体量、多来源、多样性原始数据的集合。中国民族事务大数据在民族事务决策中的功能主要有民族事务统计分析、民族事务趋势预测、民族事务决策支持、民族事务规律挖掘、民族事务实时监测、民族事务危机预警和民族事务政策等方面。中国民族事务大数据体系是策应国家民族事务治理战略、驱动民族地区社会治理创新、实现民族事务精准治理和治理模式转型的重要举措。

第3章　中国民族事务大数据体系的总体框架

　　"顶层设计(Top-down Design)"是运用系统论的方法将复杂对象简单化、具体化、程序化的设计方法。本章从顶层设计视角，基于"价值链理论"分析中国民族事务大数据体系各环节相关活动之间的关系，参照管理信息系统和政务智能系统通用架构模型，构建中国民族事务大数据体系的总体框架模型。

3.1　中国民族事务大数据体系的价值模型

　　本书基于价值链(Value Chain)理论，通过分析大数据技术价值的产生机理，构建民族事务大数据价值链的理论模型，探讨模型各构成要素之间互动的规律性，提出推进我国民族事务大数据体系建设的思路和策略。

3.1.1　"价值链"理论简介

　　价值链(Value Chain)是美国哈佛商学院的迈克尔·波特教授在其所著的《竞争优势》一书中提出来的。波特教授认为，每一个企业都是设计、生产、销售、发送和辅助其产品的过程中进行种种活动的集合体，所有这些活动可以用一个"价值链"来表明。根据这种思想，他把企业内外价值增加的活动分为基本活动和支持性活动两种大的类型。其中，基本活动涉及企业生产、销售、进料后勤、发货后勤、售后服务；支持性活动涉及人事、财务、计划、研究与开发、采购等，基本活动和支持性活动构成了企业的价值链。根据价值链模型，不同的企业参与的价值活动中，并不是每个环节都创造价值，实际上只有某些特定的价值活动才真正创造价值，这些真正创造价值的经营活动，就是价值链上的"战略环节"。企业要保持竞争优势，就要密切关注组织的资源状态，特别要关注和培养在价值链的关键环节上获得重要的核心竞争力。

　　价值链理论虽然是从企业管理的角度提出的，实际上它反映的是所有社会组织的共同规律，对政府机构改进管理同样适用。民族事务大数据体系建设的最终目标是通过对相关基础数据的精准分析和智能挖掘，发现一些依靠直觉判断或者小数据研究无法识别的问题，为国家民族事务治理提供数据支持。智能化应用是大数据价值链的末端，体现了大数据体系建设的主要目标，但是其价值实现必须以基础数据的整合为前提，以业务数据产生过程中涉及的多个部门、多名工作人员的连续工作为保障，整个过程构成大数据管理的"价值链"。而价值链上的各类活动，整体上又可以划分为"基本活动"和"支撑活动"两大类，这个规律对中国民族事务大数据体系的构建同样适用。按照价值链的基本原理对中国民族事务大数据体系进行分析和建模的结果如图 3-1 所示。

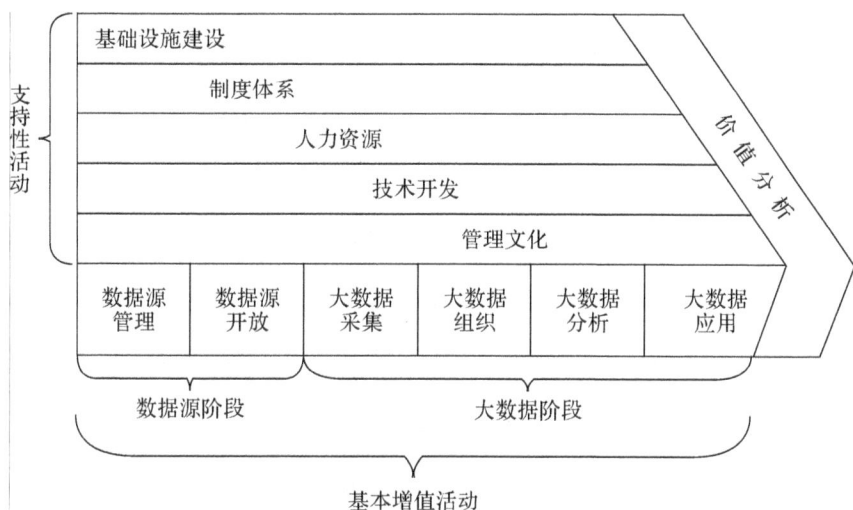

图 3-1　中国民族事务大数据体系的价值链模型

中国民族事务大数据体系的价值链模型分为：价值分析、基本增值活动、支持性活动。其中，基本增值活动包括数据源管理、数据源开放、大数据采集、大数据组织、大数据分析和大数据应用六个环节，前两个环节属于"数据源阶段"，后两个阶段属于"大数据阶段"；支持基本增值活动的因素主要有基础设施建设、制度体系、人力资源、技术开发和管理文化五个方面，统称为"支持性活动"。

3.1.2　价值分析

大数据在民族事务治理中的应用价值主要体现在以下几个方面：

第一，通过完善基础信息的采集、管理和利用，改变民族事务领域的粗放式管理方式，提高民族事务管理的精细化、标准化程度。

第二，通过民族事务大数据体系建设，逐步在民族地区公共管理领域培养以尊重事实、推崇理性、强调精确、注重细节为价值导向的"数据文化"，带动民族地区公共管理的现代化进程。

第三，通过民族事务大数据体系建设，为政府宏观决策提供数据支持，提高民族地区政府决策的科学化水平。

第四，通过对民族事务大数据进行分析，准确预测民族事务领域关键问题的发展演变趋势，为政府决策和政策制定提供支持。

第五，建立民族事务风险预警模型，自动识别和判断民族事务管理过程中的各类风险因素，以便政府提前采取措施进行应对。

3.1.3　基本增值活动

中国民族事务大数据体系的核心价值主要通过对整合数据的关联分析和智能挖掘来体现，但是其价值链实际上从基础数据积累阶段就开始了，整体上分为"数据源"和"大数据"两个阶段。"数据源"是指产生数据的来源系统，"大数据"则是将数据源产生的各类数据进行采集和整合，通过智能分析驱动智能化的管理和决策，即我们一般意义上所说的大数据技术。"数据源阶段"与"大数据阶段"相互依存，数据源阶段为大数据阶段提供高质量的基础数据，大数据阶段实现大量基础数据潜在价值的开发，是大数据价值链必不可少的两个方面。民族事务大数据体系基本增值活动的内容主要有以下方面：

第一，数据源管理。民族事务所涉及的来源系统的数据管理水平决定了大数据智能分析的整体水平，没有科学系统的基础数据管理体系，大数据技术的洞察能力就无法发挥作用。国家民族事务管理所涉及的数据来源主要包括作为国家信息化基础设施的大型公共信息资源库当中有关民族地区和民族事务的数据、来自民族地区各级政府机构电子政务系统的业务数据、民族地区各类企业的业务数据、互联网上与民族事务相关的各类网络资源等。数据源管理的核心任务是维持基础数据集的质量，主要涉及以下方面：(1) 增加基础数据记录和采集的数量，改变传统粗放式管理对数据重视不够、重要数据不足的情况，尽可能将与管理对象有关的各类数据进行采集和保存；(2) 保障基础数据的质量，采取各种措施保证基础数据的真实性、可靠性、完整性和安全性等，从而使其可以为大数据整合分析所用。数据源管理属于大数据体系的"源头"，必须从全局高度认识源头治理的重要性，通过大规模采集和保存与民族事务相关的数据，推动相关机构业务的精准化程度。

　　第二，数据源开放。数据源的开放和共享程度是决定大数据智能挖掘的重要影响因素，也是整个大数据体系建设难度最大的任务。数据源共享几乎涉及社会生活中的所有机构和个人，面临非常复杂的利益格局，需要通过多方面的措施予以应对。政府部门掌握着绝大部分的数据资源，数据源共享最大的挑战是开放政府数据，允许对不涉及国家安全的政府业务数据进行访问和挖掘。政府数据开放也意味着社会大众对政府的监督，会从根本上改变政府与公民之间的关系，因此在实践中也会遇到非常大的阻力。除政府开放数据之外，一些涉及公众利益的企业也会被要求有限度地公开其业务数据供公民访问。公民在工作和生活中产生的数据也可以通过授权方式有限度地向大众开放。当然，数据源开放和共享并不是没有边界的，涉及国家安全的数据、企业的商业机密数据、公民的个人隐私数据都必须严格按照法律规定进行严密保管，保障各类主体的合法权益不受侵犯。

　　第三，大数据采集。大数据采集是狭义的大数据体系的开端，需要面向应用需求从各类社会组织已经开放的海量数据中选择需要的相关数据集的采集和保存。目前国家已经启动了开放整合政府数据的相关工作，计划通过全国统一的政务数据开放平台来实现多源数据资源的整合，来自社会各类组织和个人的大数据应用都可以从平台中提取数据。民族事务大数据体系涉及需要采集的数据是与中国少数民族和民族地区经济社会发展相关的数据，其来源主要包括国家人口信息资源库、国家法人单位信息资源库、国家空间地理和自然资源信息资源库、国家宏观经济与社会发展信息资源库当中与少数民族事务和少数民族地区相关的数据资源。由于我国的民族地区大多处于边疆地带，与民族地区相关的周边国家的政治、经济、文化、教育、人口等方面的数据也需要采集。除过结构化的数据之外，大量与少数民族事务相关的非结构化的数据也应该纳入采集的范畴。大数据采集阶段需要进行的加工过程一般被"抽取、转换和加载(Extract、Transform and Load，ETL)"，即将业务系统中的各类外部数据、关系型数据、遗留数据和其他相关数据经过清洗、转换和整理后保存到面向数据分析和挖掘的一体化管理系统中。考虑到基础数据的动态特征，大数据采集也应该按照一定的周期进行更新，以保证整合分析的结果与现实相符。

　　第四，大数据组织。为了从大数据中发现价值，需要将大量不同来源、不同格式、不同结构的基础数据经过系统组织后加载到大数据平台中。大数据具有多样性，传统的数字组织方法不能胜任这种复杂的数据组织和访问任务，需要从逻辑存储和物理存储两个方面找到应对的方法。在逻辑存储方面，复杂类型海量数据的存储主要依靠的是非关系型数据库，即 NoSQL。NoSQL 并非不能处理以 SQL 作为检索方式的关系型数据，而是 "Not Only

SQL",即除了 SQL 以外,还有多种形式的数据访问方式。相对于传统的关系型数据库,NoSQL 数据库有着更加复杂的分类方式,例如键值存储(Key-Value)数据库、列存储(Column-Oriented)数据库、图存数据库和文档数据库等。NoSQL 数据库通过采用更加简单的数据模型、弱一致性、元数据和应用数据的分离等方式应对海量非结构化数据的挑战。NoSQL 数据库比关系型数据库更容易扩展、比一般的数据库具有更大的数据量和高可用性,因而成为大数据组织的主流技术。在物理存储方面,目前大数据技术的主流存取方式是基于 Hadoop 开源分布式计算平台的分布式文件系统(Hadoop Distributed File System,HDFS)和 MapReduce 编程模型,为用户的应用提供分布式支持。此外,民族地区多语言环境对民族大数据也会产生非常大的影响,需要将采集到的少数民族语言数据转换成为国家通用语言数据之后再进行分析,在全文翻译难度较大的情况下,也可以采用元数据翻译、主题词翻译等方法进行低精度转换。

第五,大数据分析。数据分析是采用准确适宜的分析工具和方法来分析经过处理的数据,提取有价值的信息,从而形成有效的结论并通过可视化技术展现出来的过程。数据分析主要涉及三种类型的方法:(1) 基本分析方法,例如对比分析、趋势分析、分组分析、结构分析、因素分析、交叉分析、综合评价分析等;(2) 关联分析方法,例如时间序列分析、相关性分析、回归分析、判别分析、主成分析、对应分析、多维度分析等;(3) 数据挖掘方法,包括文本挖掘、Web 挖掘、时空数据挖掘、多媒体数据挖掘等类型,常用的方法包括聚类分析、人工神经网络、支持向量机等;(4) 可视化分析方法,主要是在数据分析过程中通过技术手段将数据转换成为图形,通过直观的形式发现数据背后所蕴含的规律性;(5) 智能化分析方法,例如机器学习技术,通过对人类分析某类事务的规则训练,使得软件系统具有自动分析类似业务的能力。总之,大数据分析就是根据应用需求从众多的数据分析方法中选择最适合的方法,对数据进行加工处理,为关联和决策提供支持。

第六,大数据应用。应用是民族事务大数据体系建设的最终目标,其目标是应用数据分析技术为国家民族事务的治理提供支持。根据民族事务的特征,可以分为以下几种类型的应用:(1) 政治领域应用,对国家各民族关系相关数据进行大规模分析,协调处理民族关系中的重大事宜,维护社会稳定和国家统一;(2) 经济领域应用,例如分析民族地区经济运行情况、制定民族地区经济发展的特殊政策和措施,组织协调民族地区科技发展、对口支援经济技术协作和民族贸易等;(3) 文化领域应用,研究少数民族文化、艺术、卫生、体育、新闻出版等方面的特殊问题;(4) 人口领域应用,例如教育、医疗、就业、置业、贷款、人权等相关事务的分析和预测。民族事务大数据体系为解决我国民族地区公共治理当中的各类问题提供了公共平台，具有不同信息需求的机构和个人都可以设计不同的分析方法，从平台中寻找解决问题的思路和启示。

3.1.4　支持性活动

中国民族事务大数据体系的支持性活动包括基础设施建设、制度体系、人力资源、技术开发和管理文化五个方面。基础设施建设主要是指大数据中心平台建设，涉及海量存储、信息安全、容灾备份等问题。制度体系主要是协调数据源开放和大数据采集过程中政府、企业和公民之间的关系，通过标准和规范保障基础数据的数据质量，在确保各类主体合法权益的前提下，引导和推动各类数据的开放和共享。人力资源是为民族事务大数据体系建设培养所需的信息管理、信息存储、数据挖掘等方面的人才，为民族地区大数据治理提供智力支持；技术开发则是根据民族事务管理和决策的需要，研究大数据体系当中的各类技术和方法，例如异构数据整合技术、海量数据存储技术、海量数据智能分析技术、民族事务决策支持技术等。管理文化则是要在民族地区培育重视数据、重视精确的社会风气，引导各类组织和个人参与基础数据管理，并积极利用大数据平台进行业务分析和决策支持。支持性活动虽然不直接产生价值，但是在民族事务大数据体系中也必不可少，任何因素出现问题，整个大数据体系的运行就会受到很大制约。

3.2　中国民族事务大数据体系的系统模型

顶层设计的目标是建立工程化方法，能够站在全局的、整体的、系统的角度，围绕机构的发展规划，分析机构的管理和信息化现状，结合信息技术的发趋势，明确设计出关于特定信息系统的完整性方案。中国民族事务大数据体系本质是管理信息系统在民族事务应用的特例，其建设要符合管理信息系统建设的一般规律。本节在介绍信息系统通用框架模型和政务智能系统体系架构模型的基础上，构建中国民族事务大数据体系的框架模型，并对其层次结构做概要介绍。

3.2.1　管理信息系统通用框架模型

管理信息系统(Management Information System，MIS)，是由人、计算机及其他外围设

备等组成的能进行信息的收集、传递、存储、加工、维护和使用的系统。就技术角度而言，管理信息系统主要包括基础设施层、系统安全层、数据资源层、应用程序层和业务活动层共计 5 个层面(如图 3-2 所示)。从最简单的个人版办公软件系统到高度复杂的跨层级、跨地域的大型复杂政务系统，大体都遵循着以下的结构模型。

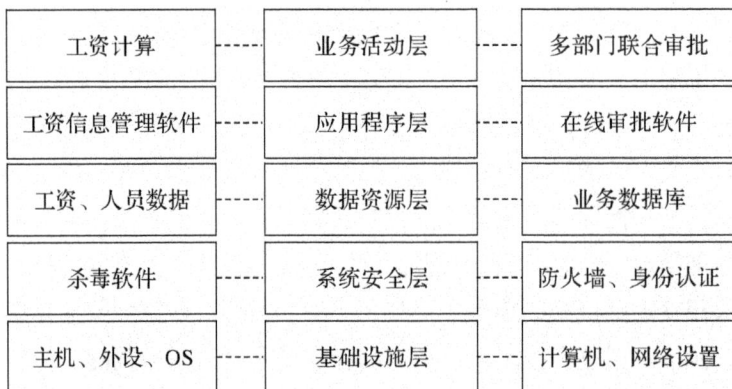

工资计算	-----	业务活动层	-----	多部门联合审批
工资信息管理软件	-----	应用程序层	-----	在线审批软件
工资、人员数据	-----	数据资源层	-----	业务数据库
杀毒软件	-----	系统安全层	-----	防火墙、身份认证
主机、外设、OS	-----	基础设施层	-----	计算机、网络设置

图 3-2　管理信息系统通用框架模型

图 3-2 中，基础设施层主要为信息化办公提供必要的硬件和软件支持；系统安全层是构建一个相对安全的信息环境，使机构的业务活动都在安全的环境中完成；数据资源层是提供办理业务所需要的各类数据支持，包括文档、数据库等各类资源；应用程序层是通过计算机软件编程的方式支持业务功能；业务活动层是业务真正完成处理的过程，需要以其之下各个层面的实现为前提。因此，从管理信息系统结构模型来看，系统的社会价值主要是通过业务处理层来体现的，但是业务活动层之下的任何一个层次出现问题，或者没有发挥其应有的功能，则整个系统不能有效运转，业务活动也就不能正常进行。

3.2.2　政务智能系统的体系架构模型

政务智能(Government Intelligence，GI)又称为智慧政务，是描述一系列政务的概念和方法，通过基于实时的决策支持系统来辅助政务决策的制定和实施。政务智能提供使政府迅速分析数据的技术和方法，包括收集、组织、管理和分析数据。政务智能是一系列技术、方法和软件的总称，其最终目的是提高政府决策的科学化程度。政务智能系统通常涉及信息系统、数据分析、知识发现和战略支持等层面的问题，需要涉及的技术主要有数据仓库(DW)、联机分析处理(OLAP)和数据挖掘(DW)技术。

数据仓库(Date Warehouse)是一种实现多源信息集中存储和管理的信息技术环境。数据仓库之父 William H.Inmon 在《Building the Data Warehouse》一书中把数据仓库定义为一个面向主题的(Subject Oriented)、整合的(Integrated)、稳定的(Non-Volatile)、反映历史变化(Time Variant)的数据集合，用于支持管理决策。数据仓库具有以下特点：(1) 面向主题。操作型数据库的数据组织面向事务处理任务，各个业务系统之间各自分离，而数据仓库中的数据是按照一定的主题域进行组织的。(2) 整合的。数据仓库中的数据是在对原有分散的数据库数据抽取、清理的基础上经过系统加工、汇总和整理得到的，必须消除来源数据中的不一致性，以保证数据仓库内的信息是关于整个机构的一致的全局信息。(3) 相对稳定的。数据仓库的数据主要供决策分析之用，所涉及的数据操作主要是数据查询，一旦某个数据进入数据仓库以后，一般情况下将被长期保留，也就是说数据仓库中一般有大量的查询操作，但修改和删除操作很少，通常只需要定期加载、刷新。(4) 反映历史变化。数据仓库中的数据通常包含历史信息，系统记录了机构从过去某一时点(如开始应用数据仓库的时点)到目前各个阶段的信息，通过这些信息，可以对政府业务发展历程和未来趋势做出定量分析和预测。

基于数据仓库的政务智能系统是一种实现多个异构数据源有效集成的数据环境，目的是辅助决策而不是支持数据交换，因此通常并不为提供数据的机构提供信息交换服务，其用户也限于政府决策支持、危机预警等领域。从技术原理上说，数据仓库整体上分为数据源、数据整理、数据仓库、数据集市与数据立方、联机分析处理 OLAP 五个部分。政务数据仓库的体系架构如图 3-3 所示。

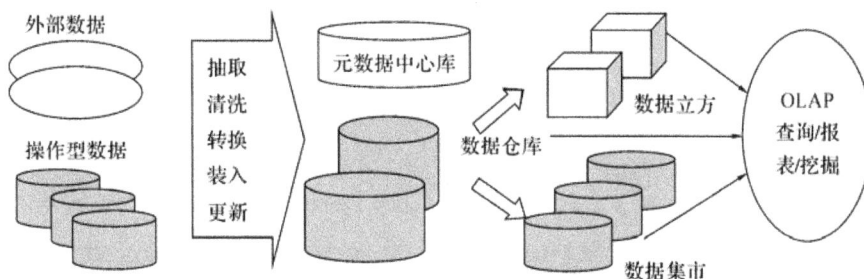

图 3-3　政务智能系统的架构模型

图 3-3 中，数据仓库的数据按主题组织，包括细节数据、汇总数据表(如"数据立方")和数据集市。细节数据是在数据源的相应数据集的基础上经过清洗和转换整合后生成的，基本与来源数据集相对应，它记录了机构的详细历史数据。汇总数据表又称"数据立方"，是为了能够实时地对数据从多个角度(维)进行汇总分析，对细节数据进行汇总处理所生成

的数据集，它包括汇总层次维表和所分析的变量(事实)表。数据集市是为各种特殊需要从细节数据导出的数据表，特别是为一些需要经常在多个表间进行的查询、分析处理而设置的数据表。建立政务数据仓库的目的最终是为了进行数据分析和数据挖掘(Data Mining)，发现其中潜在的规律性，为政府的宏观决策提供支持。

3.2.3　中国民族事务大数据体系框架模型

参照管理信息系统通用框架模型和政务智能系统架构模型，构建的中国民族事务大数据体系框架模型如图 3-4 所示。

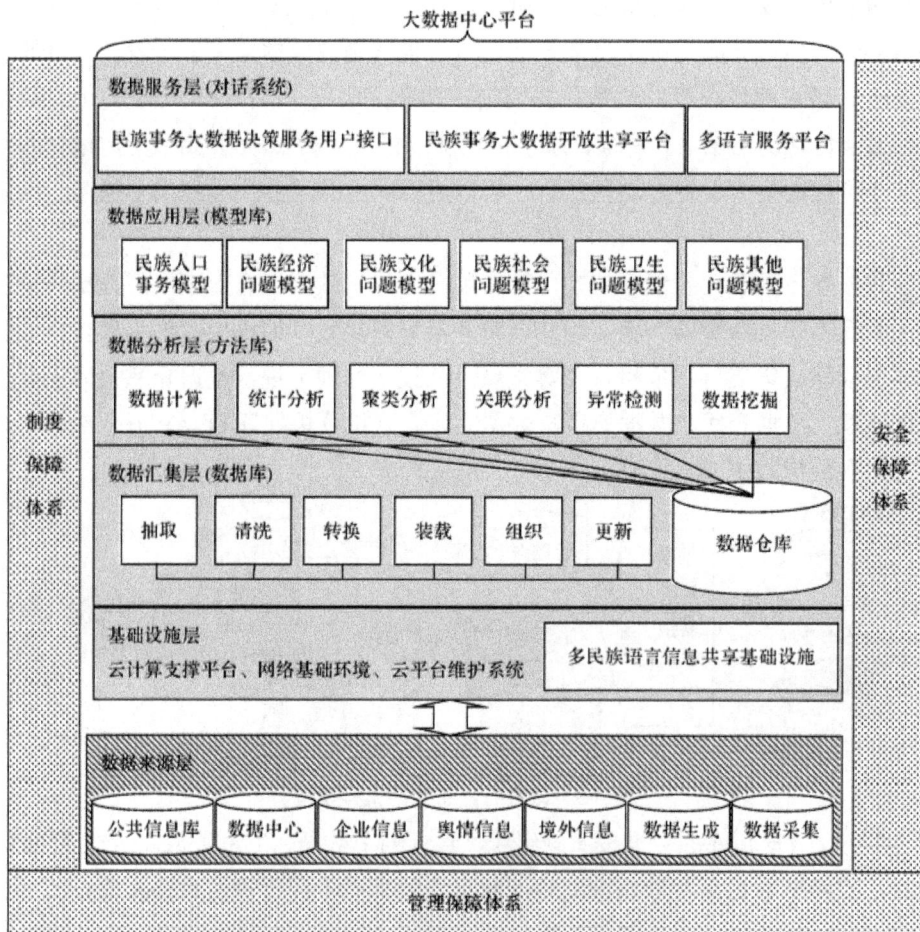

图 3-4　中国民族事务大数据体系的框架模型

图 3-4 中，中国民族事务大数据体系总体上分为"数据来源层"、"大数据中心平台"和"大数据生态保障体系"三大部分组织。"数据来源层"是民族事务大数据的基础来源数据，包括公共信息库、数据中心、企业信息、舆情信息、境外信息、数据生成和数据采集等途径；"大数据中心平台"是整个大数据体系的核心部分，分为基础设施层、数据汇集层、数据分析层、数据应用层和数据服务层五个层面。"大数据生态保障体系"是维持大数据中心平台正常运作的各类要素的总和，分为制度保障体系、安全保障体系和管理保障体系。数据仓库在整个民族事务大数据体系中发挥着非常重要的作用，它把信息从不同的信息源中提取出来，然后将这些信息资源转换成为公共数据模型整合到数据仓库中，并按照主题、时间、综合度进行划分。与数据库不同的是，传统的数据库主要面向业务处理，而数据仓库面向复杂数据分析和高层决策支持。数据仓库提供来自不同信息系统的整合化、历史化的信息，为有关部门进行全局范围的战略决策和长期趋势分析提供了有力支持。

3.3　中国民族事务大数据体系的功能模块

中国民族事务大数据体系遵循管理信息系统通用框架模型的构建原理，底层支撑上层，上层以其之下各层的联合实现、系统各层和各个模块之间相互配合、相互支持，共同实现民族事务精准治理和智能决策的总体目标。本节对图 3-4 中的中国民族事务大数据体系框架模型各个功能模块做概要介绍，后续章节将会对这些模块所涉及的内容进行更加细致的分析。

3.3.1　大数据来源系统

大数据的实质是将数据转换为信息的过程，这一过程也可以成为信息的供应链，其目的是把初始的操作型数据转化为决策所需的政务信息。在这一过程中，基础来源数据的数量、质量和开放程度是决定整个大数据价值发挥最为重要的因素，如果没有基础数据，仅有数据分析和数据挖掘系统也是没有用的。如果基础数据质量不高，最终分析结果也将大打折扣。因此，对大数据来源系统的管理就成为除了大数据中心平台建设之外，另外一件非常关键的任务。中国民族事务大数据来源系统管理主要涉及大数据来源规划、大数据来源系统分析和大数据前端管理三个类型的任务。其中，大数据来源规划是从国家民族事务治理职能视角出发，按照"自顶向下"的思路，应用 EA 模型对应该纳入民族事务大数据体系的数据类型进行战略性规划。大数据来源分析主要对如何采集上述数据的途径进行分析，通常涉及国家公共信息资源库、区域电子政务数据中心、公共企业信息资源、网络舆情信息资源、境外信息资源等。如果所需的电子数据至今还没有建立，则要以纸质版的统计报告等数据为基准，建立新的数据项目。对于还没有明确来源的关键数据，需要委托相关部门进行专门采集。此外，为了确保大数据基础数据源的质量，需要对基础数据处理过程进行前端控制，确保基础数据的准确性、真实性、完整性，并通过协调相关机构，构建中国民族事务大数据体系建设"共建共享"机制，尽最大可能引导基层政府机构开放相关数据资源。

3.3.2　大数据中心平台

大数据中心平台是中国民族事务大数据体系的核心要素，也是建设过程中投入最多、体系最复杂和建设难度最大的功能模块。中国民族事务大数据中心平台整体上分为基础设施层、数据汇集层、数据分析层、数据应用层和数据服务层。基础设施侧重于硬件建设，数据汇集、分析、应用和服务则是大数据价值增值的生命周期，展示了数据如何一步步转换成为决策信息的过程。

中国民族事务大数据基础设施，主要是支撑大数据价值实现的网络基础设施、存储基础设施、安全基础设施和语言基础设施。网络基础设施主要是基于云计算(Cloud Computing)技术的通信技术设施平台及相关软硬件设施，存储基础设施主要是保障基础数据的处理和保存，安全基础设施是保障系统中所有数据的信息安全，防止信息被篡改或者有关个人隐私的数据被检索和公布等风险。多民族语言信息共享基础设施平台是为国家通用语言和各主要语种少数民族语言之间的相互转换、翻译和共享提供基础服务，从而保证民族事务大数据涉及的多种语言的基础数据可以基于国家通用语言进行一体化处理，尽可能做到数据全面。

由于基础来源数据往往来自于各种不同种类和形式的业务系统，为了保证数据仓库中数据的质量，需要一种支持多种数据源，具有数据"净化提炼"功能、数据加工功能和自动运行功能的抽取类程序。在构建大数据体系的过程中，占据大量工作时间、在日常运行中经常出现问题，并且问题最多的一个工作就是从业务数据库向数据仓库抽取(Extract)、转换(Transform)、加载(Load)数据。数据抽取就是从不同网络、不同操作平台、不同数据库及数据格式、不同的应用中抽取出来。数据的转换包括数据的合并、汇总、过滤、转换格式，重新构建关键数据及总结与定位数据等。数据装载是指将数据跨越网络、跨越操作平台装载到目标数据仓库中。

　　经过抽取、转换和装载到数据仓库系统中的数据，可以转换为非关系型数据库(NoSQL)中，并使用 Hadoop 分布式文件系统和 MapReduce 分布式计算框架以提高系统的计算性能。数据仓库中的数据可以通过大数据查询技术 SQL on Hadoop 进行，例如数据仓库基础架构 Hive、基于 PostgreSQL 的 Hadoop 分析、实时交互 SQL 分析等。基于数据查询功能，大数据系统就可以实现诸如对比分析、趋势分析、分组分析、结构分析、因素分析、交叉分析等分析方法，以及时间序列分析、相关分析、回归分析、主成分析、因子分析、对应分析、多维度分析等高级分析。以数据分析能力为基础，大数据平台就可以进行数据挖掘，从海量数据中提取隐藏的模式和信息，揭示数据之间的联系、规律、趋势和意义。由于可视化技术能够更加直观地展示数据的特性，且图像展示更符合人的观察习惯，可视化知识挖掘已经发展为从大量数据中发现知识的有效途径，系统研究和开发可视化数据挖掘工具已经成为数据挖掘的潮流。

　　基于大数据分析挖掘能力和民族事务模型，民族事务大数据平台就可以进行相关业务领域的决策支持和应用服务。例如，在人口管理领域，通过对人口数据进行全方位统计分析，发现潜在的人口结构问题及时采取措施进行应对；在经济领域，通过对民族地区经济发展数据的整体性分析，预测未来经济发展的趋势，发现可能的经济发展热点和增长点并予以重点扶持；在文化领域，通过大数据方法，将研究资料大规模数字化，通过对数字化资料的全面分析，发现其中的规律性等。除了提供给国家民委和地方各级民族事务管理机构进行决策支持和政策模拟之外，民族事务大数据平台还可以在符合法律规章且保障信息安全的前提下，将数据提供给社会各界进行统计分析，为其经营管理决策提供支持。大数据平台对外服务的平台也可以是多种多样的，除了以国家通用语言文字为主的服务方式外，也可以探索和尝试为少数民族人口提供对应语种民族事务数据服务。

3.3.3　大数据保障体系

　　大数据保障体系是为了确保民族事务大数据体系的正常运行，从制度、安全、管理三个方面采取的保障性措施。例如，在法律规章保障方面主要涉及政府信息公开、政府数据开放、涉密信息管理、隐私保护相关法规等；在标准规范保障方面主要涉及语言文字编码标准、元数据与数据元标准、政府信息资源目录体系和政府信息资源交换体系等国家标准；

在信息安全管理方面主要涉及信息安全行政管理、信息安全风险管理、信息安全等级测评和信息安全应急响应等管理措施；在管理机制保障方面，主要涉及组织架构、工作模式等内容。总之，大数据保障体系是为了确保大数据信息生态系统的平衡和优化所采取的管理和支持措施。

本 章 小 结

中国民族事务大数据体系的价值链模型整体上分为价值分析、基本增值活动、支持性活动三个部分。其中，基本增值活动包括数据源管理、数据源开放、大数据采集、大数据组织、大数据分析和大数据应用六个环节；支持基本增值活动的因素主要有基础设施建设、制度体系、人力资源、技术开发和管理文化五个方面，统称为"支持性活动"。

参照管理信息系统通用框架模型和政务智能系统架构模型，中国民族事务大数据体系总体上分为"数据来源层"、"大数据中心平台"和"大数据生态保障体系"三大部分。"数据来源层"是民族事务大数据的基础来源数据，包括公共信息库、数据中心、企业信息、舆情信息、境外信息、数据生成和数据采集等途径；"大数据中心平台"是整个大数据体系的核心部分，分为基础设施层、数据汇集层、数据分析层、数据应用层和数据服务层五个层面。"大数据生态保障体系"是维持大数据中心平台正常运作的各类要素的总和，分为制度保障体系、安全保障体系和管理保障体系。

中国民族事务大数据体系遵循管理信息系统通用框架模型的构建原理，底层支撑上层，上层以其之下各层的联合实现，系统各层和各个模块之间相互配合、相互支持，共同实现民族事务精准治理和智能决策的总体目标。

第4章 中国民族事务大数据来源的规划管理

中国民族事务大数据是通过对与少数民族和民族地区相关的数据资源的整合与分析，构建基于准全局数据的智能化民族事务治理模式。如果将大数据处理流程比喻为一条河流，处在前端的大数据来源管理的水平和质量直接决定了后端深度分析和发掘的质量。本章从前端控制的视角，对纳入大数据平台的来源数据进行战略规划，分析大数据采集的来源和途径，提出基础数据质量保障的思路。

4.1 中国民族事务大数据战略规划

数据资源规划(Information Resources Planning，IRP)最早出现于企业管理领域，是对企业生产经营活动需要的信息，从审查、获取到处理、存储、传输、利用等环节进行全面规划。现在，数据资源规划理念早已突破了企业生产经营的狭小范围，扩大到政治、教育、科技等多个领域，范畴几乎覆盖到人类所有的信息活动。中国民族事务大数据体系建设首先需要解决的问题就是如何确定数据采集的边界，即需要将哪些基础数据纳入到大数据平台进行分析，基本思路就是采用信息工程领域的权威数据资源规划工具和方法，经过系统性推导建立大数据的全域数据模型，再对照这个模型去分析搜集数据的途径、方法和策略。

4.1.1 数据资源战略规划理论与方法

大数据资源战略规划可以借鉴企业数据资源规划的方法。企业数据资源规划方法论体系是融合信息工程方法论(IEM)的精髓，吸纳数据资源管理(IRM)理论、数据管理(DA)理论，融合了信息生命周期管理(ILM)理论，并向下延伸到信息系统开发建设的信息系统规划设计方法论体系，是数据资源组织管理的综合技术。

信息工程方法论(Information Engineering Methodology，IEM)是由马丁(James Martin)于20 世纪 80 年代初在总结企业计算机信息系统开发的成果与失败经验教训的基础上，提出的一整套建立"计算机化企业"的理论与方法。信息工程的基本原理是：数据位于现代数据系统的中心；数据结构是稳定的，处理是多变的；最终用户必须真正参加开发工作。马丁总结并提出数据文件、应用数据库、主题数据库和信息检索数据库四类"数据环境"，其中前两类是低层次数据环境，后两类是高层次数据环境。

数据资源管理(Information Resources Management，IRM)是霍顿(F.W.Horton)和马钱德(D.A.Marchand)在 20 世纪 80 年代初期提出的，其主要观点是：数据资源与人力、物力、财力和自然资源一样，都是企业的重要资源。数据资源管理包括数据资源管理和信息处理管理，前者强调对数据的控制，后者则关心企业管理人员在一定的条件下如何获取和处理信息，且强调企业中数据资源的重要性。数据资源管理的目标是通过增强企业处理动态和静态条件下内外信息需求的能力来提高管理的效益。数据资源管理追求 3E，即高效(Efficient)、实效(Effective)和经济(Economical)。

数据管理(Data Administration，DA)理论是威廉·德雷尔在其专著《数据管理》中提出的，主要观点是：没有卓有成效的数据管理，就没有成功高效的数据处理，更不能建立起整个企业的计算机信息系统。数据元素是最小的信息单元，数据管理工作必须从数据元素的标准化做起，企业数据管理部门的重要职责是集中掌控和管理数据定义，建立全企业数据管理的基础标准和规范化的数据结构，协调计算机应用开发人员和用户实施数据管理标准规范。数据管理是企业管理的重要组织部分，是长期复杂的工作，会遇到很多困难，持之以恒才能见到效果。

信息生命周期管理(Information Lifecycle Management，ILM)是 20 世纪 70 年代诞生于美国政府部门的概念。1977 年，美国联邦文书工作委员会提出了一个基本的信息生命周期框架，分为五个阶段：确定需求、控制、处理、利用和处置。1986 年美国南卡莱罗纳州立大学教师马钱德和数据资源管理专家霍顿在其合著的《信息趋势：从数据资源中获利》一书中将信息管理比作产品管理，认为信息生命周期是信息运动的自然规律，它一般由信息需求的确定和数据资源的生产、采集、运输、处理、存储、传播和利用等阶段组成。

在规划方法方面，马丁提出了一整套自顶向下规划(Top-Down Planning)和自底向上设计(Bottom-Up Design)的信息工程方法论，提出了"面向对象信息工程(Object Oriented Information Engineering，OOIE)"理论和"OOIE 金字塔模型"。OOIE 金字塔模型是一种从全组织范围进行规划、业务分析、系统设计、系统建设的严谨的开发方法论，其关键技术是元库(Repository)和基于它的 I-CASE 工具。OOIE 金字塔模型把信息的规划分为高层规划、业务域分析和系统设计三个阶段，其中高层规划关注组织的战略和关键成功因素，做出高层的管理概述，识别高层的管理目标；业务域分析主要识别业务域或者价值流的 OO 模型，识别业务域的目标，识别出业务事件和操作，用规则表示业务方法。系统设计是建立系统的 OO 模型，做出类的详细设计并建立用户认可的原型。参照 OOIE 金字塔模型，数据资源战略规划通常可以细分为业务建模、数据建模和系统建模三大阶段。

第一，业务建模。业务建模首先需要划分定义职能域(Function Area)，界定数据资源规划的所有职能域，描述每一个职能域的管理目标、主要功能和对当前机构部门的覆盖关系，界定与数据职能域有数据交换关系的外部单位。接着，识别业务过程(Process)和业务活动(Activity)，即职能域中的主要业务工作和最小的、不可再分的工作单元，重新识别定义关键业务过程，最终建立"职能域—业务过程—业务活动"的业务模型。

第二，数据建模。基于业务建模的结构，建立系统的数据模型，涉及的步骤主要有：用户视图的登记与分类，调研并登记各个职能域的用户视图；用户视图组成的规范化；数据流程图(Data Flow Diagram，DFD)和数据流量化分析，对职能域绘制出一二级数据流程图，搞清楚职能域内外、职能域之间、职能域内部的数据流；进行职能域的输入、存储、输出数据流的量化分析。

第三，系统建模。按照业务和数据建模结果，各子系统规划任务和结构主要有：(1) 建立系统功能模型。在业务模型的基础上，对业务活动进行计算机化可行性分析，并综合现有的系统程序模块，建立各子系统对应的系统功能模型。系统功能模型由逻辑子系统、功能模块、程序模块组成，成为新系统功能结构的规范化表述。(2) 建立系统数据模型。系统数据模型由各子系统数据模型和全域数据模型组成，数据模型的实体是基本表，这是由数据元素组成的"第三范式 3NF"的数据结构，是系统集成和信息共享的基础。(3) 建立系统级结构模型。将功能模型和数据模型联系起来，就是系统的体系结构模型(C-U)矩阵，它对控制模块的开发顺序和共享数据库的"共建问题"，均有重要的作用。每个子系统就是一个 C-U 矩阵，全域一个 C-U 矩阵。

4.1.2　基于 EA 模型的政务大数据顶层规划方法

"顶层设计(Top-down Design)"是针对某一具体的设计对象，运用系统论的方法，自高端开始的总体构想和战略设计，注重规划设计与实际需求的紧密结合，强调设计对象定位上的准确、结构上的优化、功能上的协调、资源上的整合，是一种将复杂对象简单化、具体化、程序化的设计方法。它不仅需要从系统和全局的高度，对设计对象的结构、功能、层次、标准进行统筹考虑和明确界定，而且十分强调从理想到现实的技术化、精确化建构，是架构在愿景和实践之间的蓝图。"顶层设计"理念提出之后,其应用范围很快超出了工程设计领域,并被广泛应用于信息科学、军事学、社会学、教育学等领域,成为众多领域制定发展战略的一种重要思维方式。

从"顶层设计"的理论内涵来看,它的特点主要体现在以下三个方面:第一,整体主义战略。在根据人物需求确定核心或终极目标后,"顶层设计"考虑一整套完整的解决各层次问题、调动各层次资源的方法,围绕全局目标有序、渐进地落实和推进,最终产生顶层设计所预期的整体效应。第二,缜密的理性思维。"顶层设计"是自高端开始的"自上而下"的设计,但是这种"上"并不是凭空虚构的,而是源于实践并且高于实践,是对实践经验和感性认识的理性提升。它能够成功的关键就在于通过缜密的理性主义思维,在理想和现实、可能性与可实现性之间绘制了一张精确的、可控的"蓝图",并通过实践使之得到完美的实现。第三,强调执行力。"顶层设计"整体主义战略的确定以及"蓝图"绘制以后,如果没有准确到位的执行,必然只是海市蜃楼。因此,"顶层设计"在执行的过程中,实际上体现了精细化管理和全面质量管理战略,强调执行,注重细节,注重各环节之间的互动和衔接。

信息化引入"顶层设计",其目标就是建立一种工程化方法,能够站在全局的、整体的、系统的角度,围绕机构的事业发展规划,分析机构的管理和信息化现状,结合信息技术的发趋势,明确设计出一个整体方案,阐述机构的信息化应该怎么做、谁来做、什么时间做、在哪儿做、效果应该如何等。信息化顶层设计不是要取代传统的信息化总体规划,而是要解决总体规划的落地实施问题。信息化总体规划解决"做什么"的问题,而信息化顶层设计提出"蓝图"和"路线图"。信息化顶层设计是信息化建设从规划到实施的桥梁,它是在信息化总体规划的统领和指导下,作为信息化总体规划的延续和细化,是信息化实施的前提和依据,以及信息化实施的总体框架。

企业架构(Enterprise Architecture,EA),通常被翻译为总体架构或实体总体架构,是近年来国际上普遍采用的信息化顶层设计方法和工具。EA 的历史源于 1987 年,当时任职于 IBM 公司的约翰·扎克曼(John Zachman)在 IBM 的内部期刊上发表了题为《信息系统架构框架》的文章,提出了信息系统架构框架(即 Zachman 框架)的观点。Zachman 框架从六个角色(规划者、拥有者、设计者、构造者、转包商、运营企业)的角度分别考虑六个功能焦点(数据、功能、网络、人员、时间、动机),构成一个 6×6 矩阵。仅当该矩阵所有的 36 个格都定义后,一个构架才能被称为是完整的。随后,在其基础上,各类系统框架理论和方法不断涌现。1997 年,经过 10 年的完善和改进,Zachma 在原有基础上提出了更完整的框架,并最终确定为企业架构框架(Framework for Enterprise Architecture)。

Zachman 当时关注的主要是企业,这种方法就被定名为企业架构。目前,EA 的应用范围早已从企业扩大到政府机构、军事部门和其他组织,对"enterprise"的理解就不能局限在企业,而是应该引申为有着共同目标的组织的集合,可以是政府或政府的一个部门、一个完整的公司或企业、一个公司或企业的子公司、一个单一的大型业务或技术部门,甚至可以是一个由具有共同性质但地域上分散的实体连接起来的组织。因此,EA 在电子政务领域应用时,应当采用更加宽泛的概念,将其翻译为"实体总体架构"。按照 EA 思想进行信息化顶层设计,主要需要进行以下三个方面的工作:一是确定总体规划,通过对机构的主要业务进行分析,了解哪些业务需要信息化,根据主线业务建立系统总体战略规模模型;二是确定业务规划,建立业务模型与信息系统模型,促进业务流程优化和服务整合;三是数据规划,基于总体规划、业务规划结构,设计支持业务信息化实现的数据架构和基础保障环境,设计支持可持续发展的数据管理模式与建立运行机制。总而言之,信息化顶层设计就是从全局的视角出发,站在整体的高度,以信息化的思维,全面分析机构的各项业务,建立该机构的业务模型、功能模型、数据模型和用户模型,并结合该机构的信息化现状,设计出信息化总体技术方案。

4.1.3　中国民族事务大数据总体规划

总体规划是大数据规划的总揽性工作,在总体规划过程中,需要按照信息工程的思想方法,从全局出发,站在信息化总体规划的高度,对机构的总体情况进行分析,建立总体业务模型、初步用户模型。具体而言,总体规划工作分为整体性分析、主线业务分析和管理模式分析三部分。通过总体分析,明确民族事务大数据体系的边界,从宏观角度系统地、概括地把握机构的业务概貌,把握对该机构本质的认识,初步建立全部业务模型,为细粒度的业务分析提供总体指导,保证后续分析在总体业务框架内进行;对机构业务进行初步归并和分类,明确各类业务之间的关联,作为后续职能域分组分析的工作划分依据,从总体角度掌握机构的部门和岗位设施情况,初步分析机构服务的内部用户和外部用户,为后续业务活动提供全局用户的角色概念。

中国民族事务大数据体系是与少数民族或者民族地区相关的各类数据资源的集合。在事务处理环境中直接构建分析处理应用是不合适的,要提高分析和决策的效率和有效性,分析型处理及其数据必须与操作型处理及其数据相分离。必须把分析型数据从事务处理环境中提取出来,按照 DSS 处理的需要进行重新组织,建立单独的分析处理环境,大数据正是为了构建这种新的分析处理环境而出现的一种数据存储和组织技术。为了便于区分，大数据体系总体上可以分为事务处理环境(Online Transaction Process，OLTP)和数据分析环境(Online Analyze Process，OLAP)两大部分。事务处理和信息分析数据环境的分离划清了数据处理的分析型环境与事务型环境之间的界限，从而由以单一数据库为中心的数据环境发展为以数据库为中心的事务处理系统和以数据仓库为基础的大数据分析系统。国家民族事务大数据体系的总体规划模型如图 4-1 所示。

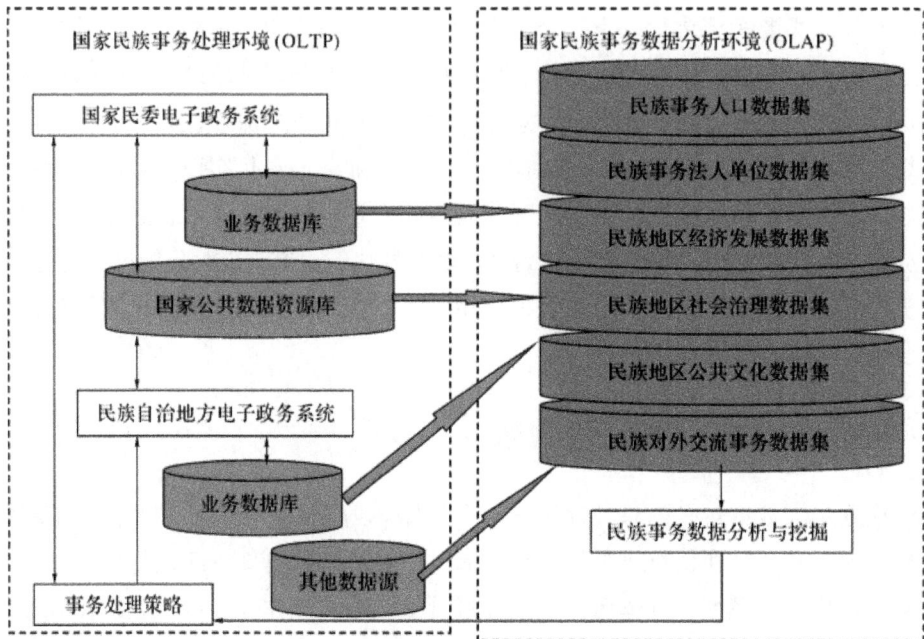

图 4-1　国家民族事务大数据体系总体规划模型

图 4-1 中，国家民族事务大数据体系总体上分为国家民族事务处理环境(OLTP)和国家民族事务数据分析环境(OLAP)两部分。国家民族事务处理环境由国家民委电子政务系统、民族自治地方电子政务系统和其他数据源组成；国家民族事务数据分析环境由民族事务大数据仓库、民族事务数据分析与挖掘构成。事务处理环境为数据分析环境提供基础数据源，数据分析环境将基础数据源进行深度分析和挖掘后，产生民族事务处理的规则和策略，为相关领域决策提供支持和参考。

4.1.4　中国民族事务大数据业务规划

　　中国民族事务大数据体系建设的核心目标是为国家民族事务管理委员会和各民族自治

地方的行政决策提供数据和智能支持，因此对国家民族事务大数据业务规划实际上就是要对国家民委所代表的民族事务业务体系进行进一步梳理。根据国家民族事务委员会的机构设置，民族事务主要涉及以下范畴：

第一，民族法规事务。国家民族事务委员会内部的具体承担机构是政策法规司，主要负责起草民族法律法规草案，拟订政策措施，承担民族法律法规的普及宣传教育工作；承办民族识别、民族成分管理和民族团结进步表彰有关工作；办理涉及少数民族风俗习惯的有关事宜；参与涉及我国少数民族人权的国际活动；配合有关部门开展涉及少数民族的妇女儿童、人口与计划生育、老龄、残疾人、双拥等工作；承担行政复议工作；承办国家民委领导交办的其他事项。

第二，民族政策事务。国家民族事务委员会内部的具体承担机构是政策研究室，主要负责起草有关民族工作和国家民委综合性的重要文件文稿；组织对民族理论、民族政策、民族工作重大问题，以及世界民族问题、涉港澳台民族问题和人权问题的研究；组织、协调国家民委重大调研活动的有关工作，承担有关民族问题研究项目的规划、立项、验收及评奖等工作；指导全国民委系统的民族研究工作，联系有关民族研究机构、学术团体和专家学者，组织并参与有关学术交流活动和有关民族工作决策咨询论证活动；整理、编撰民族工作和国家民委重要文献，负责编发有关刊物和年鉴；承办国家民委交办的其他事项。

第三，民族经济发展事务。国家民族事务委员会内部的具体承担机构是经济发展司，主要负责研究提出少数民族和民族地区经济发展特殊政策建议，协调或配合有关部门处理具体事宜；负责规划管理和拟订少数民族事业等专项规划，承担监督检查规划实施情况的具体工作；参与拟订民族地区经济社会相关领域的发展规划；承担民族统计分析和综合评价监测体系的有关工作；承担参与协调民族地区对口支援、经济技术合作和民族贸易、民族特需商品生产的有关工作；承担参与少数民族发展资金管理工作和扶贫工作；承办国家民委领导交办的其他事项。

第四，民族文化宣传事务。国家民族事务委员会内部的具体承担机构是文化宣传司，主要负责研究提出少数民族和民族地区文化、卫生、体育、广播影视、新闻出版事业发展的特殊政策建议，协调、配合有关部门开展相关工作；组织指导宣传教育工作，承担民族政策、民族工作成就、民族基本知识的宣传教育和有关对外宣传工作；承担新闻发布的组织工作，负责重要会议、活动的新闻报道；承担民族文化的交流与合作工作，承办重大民族文化、体育活动的具体事务；指导民族古籍的搜集、整理、出版工作，协助有关部门开展民族文物保护工作；指导直属文化宣传单位的业务工作；承办国家民委领导交办的其他事项。

第五，民族教育科技事务。国家民族事务委员会内部的具体承担机构是教育科技司，主要负责研究提出少数民族和民族地区教育、科技发展特殊政策建议，协调或配合有关部门处理具体事宜；配合办理扶持、援助民族教育有关事项；承担少数民族语言文字及翻译的有关管理工作，参与协调双语教育工作；指导有关科技科研工作；参与管理少数民族教育中央补助专款工作；指导民族语文机构和直属民族院校业务工作；承办国家民委领导交办的其他事项。

第六，民族人事人才事务。国家民族事务委员会内部的具体承担机构是人事司，参与少数民族人才队伍建设规划的拟订和实施工作；承担联系少数民族干部的具体工作，配合有关部门承办少数民族干部的培养教育、选拔推荐工作；负责机关及直属单位人事管理及机构编制工作；承担直属社团管理工作；指导干部教育培训工作；承办国家民委领导交办的其他事项。

第七，民族国际交流事务。国家民族事务委员会内部的具体承担机构是国际交流司，主要负责研究拟定民族事务国际交流与合作方面的发展规划；承办民族工作领域有关对外和对港澳台的交流与合作；了解境外少数民族同胞的有关情况，承办协调处理少数民族涉外事宜；参与涉及民族事务的对外宣传工作；归口管理民委系统的涉外和涉港澳台事务；承办国家民委领导交办的其他事项。

第八，民族舆情信息事务。国家民族事务委员会内部的具体承担机构是舆情中心，主要负责承担涉及少数民族和民族地区发展稳定等方面舆情的收集、监测、分析和研判工作；承担国家民委政务信息、政务公开和电子政务工作；指导民委系统政务信息、政务公开和信息化建设工作；负责国家民委数据资源的管理；配合做好有关新闻宣传工作；承办国家民委交办的其他事项。

4.1.5　中国民族事务全域数据模型规划

通过总体规划、业务领域规划和全域综合设计中的全域数据流分析等工作，已经对机构的业务内容、业务流程和数据流程有了全面的了解。接下来的工作就是针对机构信息化发展的需求建立信息系统模型，首先需要建立的是信息系统模型中的数据模型。数据模型是对机构数据特征的抽象与概括，是客观事务及其联系的数据描述，反映了改进的信息组织结构。

中国民族事务大数据的全域数据模型就是需要建立一个将与民族事务相关的各类数据

资源整合到同一体系中的逻辑框架。鉴于民族事务内涵的复杂性，可以借鉴国家公共数据资源库建设方法，将居民身份证编码、机构编码、空间编码等数据作为整合多种类型数据资源的参照基准，实现多种来源数据资源的整合。结合图 4-1 中国家民族事务大数据的总体规划，对民族事务大数据全域数据模型规划如图 4-2 所示。

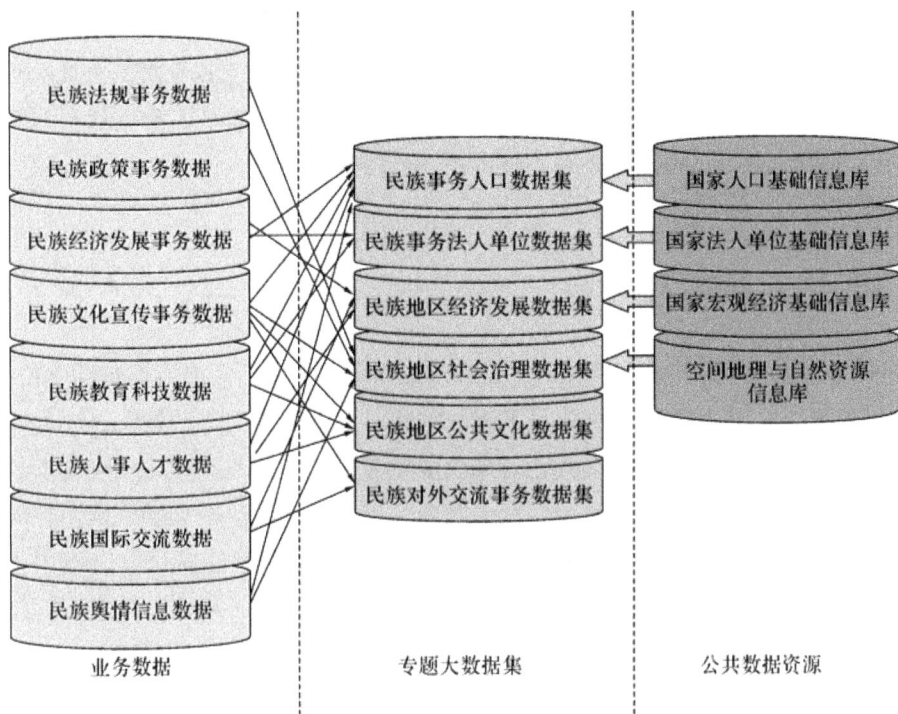

图 4-2　中国民族事务大数据全域数据模型

　　图 4-2 中，中国民族事务大数据全域数据模型整体上由业务数据、公共数据资源和专题大数据集三部分组成。其中，业务数据主要是由国家民族事务委员会电子政务系统、各民族自治地方电子政务系统所产生的业务数据；公共数据资源库主要是国家层面上建立的几个大型数据库，民族事务大数据体系建设过程中不一定所有数据都需要重新建立，如果国家级公共数据库中有相应的数据，尽量不通过民族自治地方相关机构进行采集。与民族事务相关的国家级数据资源库主要有国家人口基础信息库、国家法人单位基础信息库、国家宏观经济基础信息库和国家空间地理与自然资源信息库四个。图 4-2 中，中国民族事务大数据平台中共规划了 6 个专题大数据集，分别是"民族事务人口数据集"、"民族事务法人单位数据集"、"民族地区经济发展数据集"、"民族地区社会治理数据集"、"民族地区公

共文化数据集"和"民族对外交流事务数据集"。

4.2　国家民族事务大数据来源分析

　　民族事务大数据体系战略规划的目的是建立纳入大数据体系的数据来源的总体视图,对照战略规划所建立的全域数据模型,分析数据的现实来源以及各数据源的基本特征,是有针对性地采取措施、确保大数据质量的重要基础。中国民族事务大数据体系的来源主要由国家公共基础信息库、国家民委电子政务系统、民族自治地方电子政务系统和其他相关数据来源组成。

4.2.1　国家公共基础信息库

　　数据库是数字化数据资源的重要存现方式,数据库的建设是政府数据资源建设的重点。在政府数据资源中,最重要的数据库是基础数据库,主要包括人口数据库、法人单位基础数据库、自然资源与空间地理数据库、宏观经济社会发展基础数据库、政府文献数据库、自然资源与空间地理数据库、宏观经济社会发展基础数据库、政府文献数据库、部门主流业务数据库、跨部门协同业务数据库、各类社会经济动态数据库以及决策信息(各类方案、政策建议、问题研究报告等)数据库等。基础数据库对电子政务环境下的政府管理具有重要的支撑作用,其中的数据资源对整个政府系统而言具有普遍的利用价值,是共享价值最高的一部分重要数据资源。目前,我国已经建成人口数据库、法人单位基础数据库等几个重要的基础数据库,自然资源、空间地理数据库等也在不断建设中。国家要以有效的制度保障已经建成的若干基础信息数据库的建设具有持续性,确保数据库日常运行的有效性,确保数据资源能得到维护及更新。应加快在建基础数据库的进度,明确各方面的职责分工,使其中的资源尽快投入开发利用,尽快产生效果。同时,应当尽快对重要的政府文献数据库、部门主流业务数据库、跨部门协同业务数据库、各类社会经济动态数据库以及决策信息数据库等做出规划,尽快组织实施。

　　2002 年国家信息化领导小组出台的《关于我国电子政务建设的若干指导意见》中,提出 2003 年电子政务建设工作将主要围绕"两网一站四库十二金"重点展开,其中的"四库"就是人口、法人单位、空间地理和自然资源、宏观经济四个基础数据库。基于"基础库"的政务数据整合是指以国家人口基础信息库、国家法人单位基础信息库、国家空间地理和自然资源基础信息库等国家级大型数据库为共享库，实现全国范围政务数据资源整合的整合模式。基于基础库的整合，是以某一方面的特征作为参照标准，从而可以将与之相关的各职能部门的数据资源全部整合到一个数据平台上来，实现数据资源的高度集成。从这个角度来看，国家在本世纪初期启动的四个国家级的大型基础信息库实际上已经成为国家政务数据资源整合的"骨架"，基于基础信息库，与之相关的各类政府职能部门产生的信息都可实现数据整合。例如，以"国家人口基础信息库"作为基准库，就可以整合十余个职能部门产生的业务数据，如图 4-3 所示。

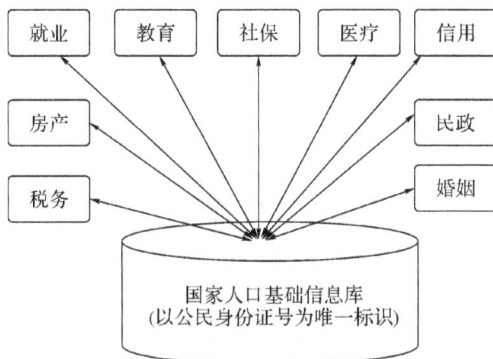

图 4-3　国家人口基础信息库

再如，政府相关职能部门围绕工商企业管理产生的大量政务数据，除了通过共享库进行同级机构之间的平行整合之外，还可以通过"国家法人单位基础信息库"进行更高层级的数据整合，如图 4-4 所示。

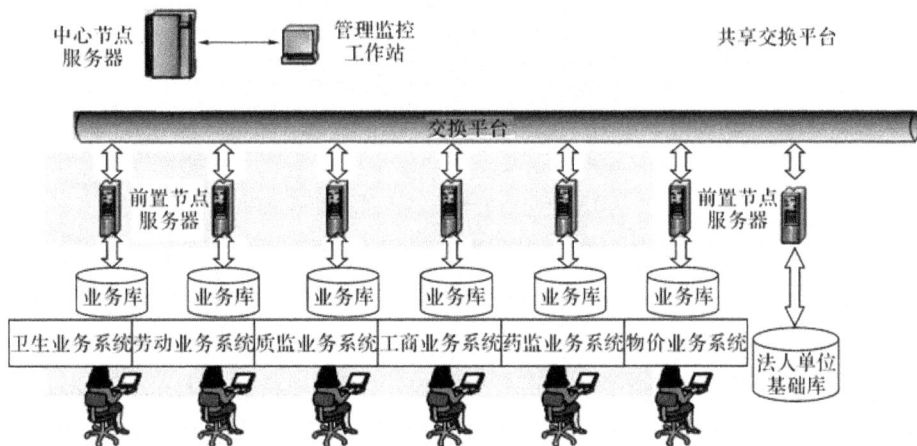

图 4-4　国家法人单位基础信息库

　　除了人口和法人单位等基础信息之外，社会中还存在着大量与空间地理和自然资源相关的数据资源，这些数据资源可以与相关的政务数据资源相互结合，成为政务数据的载体，这就是基于"国家空间地理与自然资源基础信息库"的政务数据整合。这种政务数据资源整合模式通常是通过 GIS 系统来实现的。地理信息系统(Geographic Information System, GIS)，又称为"地学信息系统"，是在计算机硬、软件系统支持下，对整个或部分地球表层(包括大气层)空间中的有关地理分布数据进行采集、储存、管理、运算、分析、显示和描述的技术系统。地理信息系统技术能够应用于科学调查、资源管理、灾害预防、发展规划、绘图和路线规划等方面，与之相关的政务信息则可以整合到地理信息系统中，如图4-5所示。

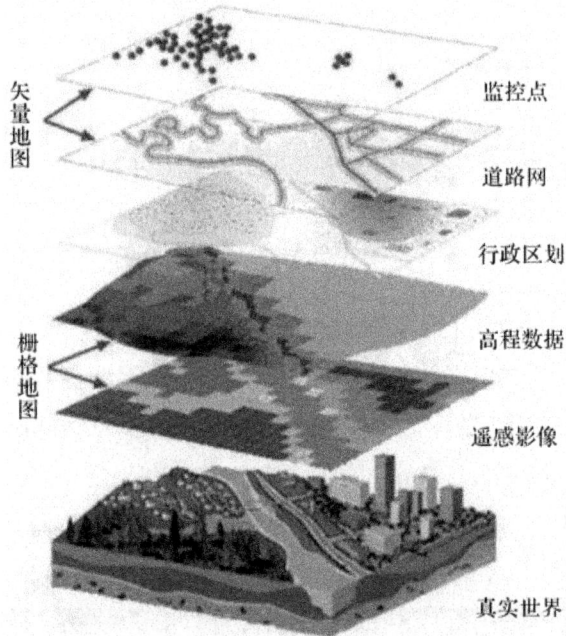

图 4-5　国家空间地理与自然资源基础信息库

　　"国家地理空间和自然资源基础信息库"已于2015年宣布建成并投入运行，这是我国第一个跨部门、军民结合的大型国家级基础性信息库。国家自然资源和地理空间基础信息库是国家确定建设的国家电子政务四大基础信息库之一，由国家发展改革委牵头，会同国土资源部等10个国务院有关部门、单位和军队有关方面共同建设，其运行服务对于促进我国国民经济和社会信息化建设，进一步提高宏观管理和决策水平，提升我国可持续发展的能力具有重要意义。据介绍，已建成的国家自然资源和地理空间基础信息库，形成了标准化、规模化、可持续更新的基础性、战略性地理空间数据资源库；建成了全国性地理空间信息共享交换网络服务体系、数据资源目录服务体系以及多源地理空间信息大规模、快速集成和共享应用服务的模式；形成了 1 个数据主中心和 11 个数据分中心共同构成的政务信息共享服务支撑体系；创建了军民结合、跨部门协同的工作体系和自然资源与地理空间信息共享机制。目前，基于政务数据资源与空间数据资源整合开发的电子政务应用已经在多个领域得到应用。例如，在城乡地籍管理领域，建立了地籍管理系统、城镇地籍管理信息系统、时域地籍信息系统、农村地籍管理信息系统、日常地籍管理信息系统。在城市规划与管理领域，有城市地形测绘、城市建设用地与地质环境协调性评价、城市土地工程能力评价、城市规划、城市环境管理、城市时空扩展的遥感监测及其动力机制，建立城市规划建设与管理信息系统，如城市规划管理信息系统、城市三维可视化 GIS、城市供水智能管理系统、城市绿化遥感信息系统、城市基础地理信息系统，还在城市拆迁与危改中应用了地理信息系统。地理信息系统还应用于市政设施管理、电力、交通运输、房地产、公共安全、高校校园管理、海洋研究、行政区划管理、城市地名库、门牌号的研究、军事、电信网络资源管理、有线电视网综合管理、商业地理定位研究、最佳路径规划、地理信息系统多媒体 CAI 制作、住宅小区可视化物业管理、风景园林规划、医学地理等领域。

4.2.2 国家民委电子政务系统

国家民委电子政务建设工作目前由舆情中心负责，其前身是国家民委信息中心。国家民委信息中心是国家民族事务委员会直属正司级事业单位，下设信息处、数据处、技术处和办公室四个处室。国家民委信息中心负责国家民委信息工作：收集整理、分析研究报送有关少数民族和民族地区的信息和资料；指导全国民委系统信息部门的业务工作；负责国家民委电子政务建设，对民族数据资源数据总库、国家民委网站、机关局域网等进行规划建设、运行管理和维护；组织、指导、协调全国民族信息网络技术体系建设和民族数据资源的开发利用；介绍少数民族和民族地区经济社会发展情况和民族工作经验；协助有关部门宣传党的民族政策，普及民族知识；为国家民委机关办公自动化提供技术服务。

为进一步加强全国民委系统政务信息工作，推进政务信息工作制度化、规范化和科学化，更好地为各级党政机关服务，为促进民族团结进步事业服务，国家民委于 2009 年向全国民委系统下发了《关于加强政务信息工作的意见》(以下简称《意见》)。《意见》明确了全国民委系统政务信息工作的指导思想和总体目标，要求充分认识新形势下加强政务信息工作的重要意义，要把政务信息工作作为一项重要职责列入议事日程，加强领导，明确责任，制定规划，加强队伍建设。加强政务信息制度机制建设，建立健全政务信息工作制度机制，落实目标责任制，完善政务信息通报和考核评比办法。要提高电子政务应用水平，进一步提高政务信息工作质量。依据《意见》，还修订完善了《国家民委政务信息工作考核评比办法》。

国家民族事务委员会通过实施民委数据资源改造项目，建成国家民委门户网站，在充分利用民委已建资源的基础上，综合运用先进的网络技术和现代数字技术，将所有应用系统都建立在统一平台之上，使国家民委数据资源成为全国民族工作信息最全面、最权威的发布平台，成为国家民委直接服务各族群众的服务窗口，成为民族工作和民族团结进步教育的宣传旗帜，成为了解社情民意的桥梁纽带，成为带动全国民委系统网站工作的龙头，初步形成以网站为依托的国家民委社会管理和公共服务信息化体系，提高国家民委的管理和服务能力，促进民族工作社会化，提升国家民委形象，且涵盖各地民委机构，以提高政府办公效率和透明度，实现协同工作、信息共享和决策支持为目标。

民委的门户网站建设以"统一网络、统一平台、统一规划、统一标准"为指导思想，按照集中与分布相结合的原则，即先搭建国家民委外网门户，在门户平台的基础上集成各种基于外网的服务类应用系统；在后台建立规范的数据库信息存储机制，并对不同系统的数据集成留有接口，保障数据顺畅传输。在民委门户上还可以建立子网站群，为各级各部门提供一个互联互通、信息共享、安全统一的总平台，实现信息的充分共享和广泛使用。该平台为电子政务网络系统的融合和新业务的发展奠定基础，为各类电子政务的联网和逐步统一创造条件。

国家民委电子政务建设的主要措施有：数据资源内容建设引入公共参与机制；按照用户生命周期，规划网站服务内容；需求导向，优先发展公众最迫切需要的服务；以服务对象为中心，规划网站栏目和界面；建立完善的数据库信息中心；通过扩展群模式提供灵活的多站设计和扩展功能；结合国家民委特殊需求，对某些重要或者特殊群体，提供专门服务；提供详细的网站栏目地图，方便用户定位；根据不同用户角色，提供网站个性化服务。系统安全、稳定、可靠的运行，首先取决于系统的整体设计、平台的选择以及应用程序的质量；其次，必须考虑到各种特殊情况下的恢复机制和备份机制，以保证数据的一致性、完整性以及灾难恢复；严格的管理制度也是系统稳定性的重要保证；此外，完整的权限控制机制，考虑充分的系统保密措施是保证安全的重要因素。

4.2.3　民族自治地方电子政务系统

　　20 世纪 80 年代以来，为了让各少数民族共享信息化建设的成果，国家语言文字工作机构和标准化工作机构先后制定并颁布了蒙古文、藏文、维吾尔文、哈萨克文、柯尔克孜文、壮文、彝文、傣文、朝鲜文等少数民族文字的计算机编码和字型处理国家标准，积极参与少数民族语言文字国际标准的制定，使国内使用人口较多、有较大社会影响力的少数民族文字纳入国际统一编码体系 Unicode。本世纪以来，在全国范围内开展的电子政务建设潮流中，各少数民族自治区域的政府机构也顺应潮流，结合本地区的实际情况，开发了电子公文传输、远程会议等办公系统，建立了政府门户网站，电子政务建设陆续开始起步。

　　民族自治地方政府作为地方行政机关和区域自治机关，承担着大量的社会公共事务管理和服务职能。近年来随着我国经济社会发展新阶段的到来，由经济社会发展不平衡性引发的各类潜在矛盾日益凸显，民族自治地方政府所面对的局势更加复杂，在维护社会稳定和谐的前提下，引导和带动地方经济发展的压力越来越大。与此同时，随着民族地区人口文化素质的整体性提高，公众、企业和社会对政府部门的办事效率、服务水平和信息透明程度等方面的期望和要求也越来越高。现代信息技术的发展，为民族地方政府发挥潜力、迎接挑战提供了新的可能性，使其能够提高效率、降低成本，为企业、公众和社会提供优质服务。国家倡导电子政务以来，内蒙古自治区、新疆维吾尔自治区、西藏自治区、广西壮族自治区、宁夏回族自治区和其他少数民族自治地方将电子政务作为推动管理创新的重要工作，电子政务建设初见成效。

　　2002 年 7 月，内蒙古自治区人民政府信息化工作办公室正式成立，标志着内蒙古自治区电子政务建设进入整体推进阶段。2002 年 8 月，中共中央办公厅、国务院办公厅下发了《关于我国电子政务建设指导意见》(中办发〔2002〕17 号)，结合内蒙古实际，自治区党委、政府出台了《内蒙古自治区电子政务建设总体方案》，确定了内蒙古电子政务建设的原则和总体框架，提出了建设目标、任务和重点工作，明确了内蒙古电子政务建设的保障措施和工作进度。按照该方案，内蒙古电子政务网为"王"字型结构，由自治区级政务城域网(包括自治区电子政务网络平台)，自治区到各盟市、旗县(区、市)的政务广域网和各盟市、旗县本地政务城域网组成。内蒙古电子政务建设重点为"两网一站十四个业务系统五大信息库"，即"21145"工程。"21145"工程包括：自治区政务内网、自治区政务外网，自治区政务综合门户网站，十四个业务系统(办公业务资源系统工程、宏观经济管理系统工程、金财工程、金税工程、金融信息工程、金关工程、金审工程、金质工程、金农工程、金盾工程、金水工程、金保工程、工商行政管理信息系统工程、党务信息系统),五大信息库(基础区情数据资源库、人口基础信息库、法人单位基础信息库、自然资源和空间地理基础信息库、宏观经济信息库)。内蒙古电子政务建设将主要围绕"两网一站十四个业务系统五大信息库"的基本构架,继续加大区内网外网平台建设,以两个综合平台为枢纽,构建自治区到各盟市、旗县(区、市)纵向贯通、区直各部门横向联通和 12 个盟市及 2 个计划单列市本级互联互通的全区电子政务网络体系。

根据国家电子政务建设规划,政务内网、政务外网和政府公众网站是电子政务建设和应用的基本架构。新疆已建立连接自治区政府机关的办公业务局域网,联网微机数百台,公文收文处理、发文办理、数据管理、信息采编、值班业务及其他事务的处理等都可以在网上进行。此局域网已通过安全隔离设备和加密设备与国务院办公厅通过 2M 宽带实现专网连接,设立 WWW 专网内部信息网站,供全国政府系统相互之间共享网上资源,通过专网实现了公文无纸化传输系统。上至国务院、下到自治区人民政府的公文均带红头印章传送,不再传送纸质文件。此局域网也已通过 VPN 专网、电信 PSTN 拨号、X25 数据专线实现了自治区人民政府与全区各地州市、各厅局部门、各驻外办事处、驻疆机构及有关单位约 150 家的广域互联,可以传送政府文件电子版样、传送下发政务信息等事务。新疆维吾尔自治区的电子政务外网建设工作于 2009 年启动,2013 年 8 月通过竣工验收,连续 4 年获得国家电子政务外网管理中心通报表彰,多项工作走在全国前列。目前,新疆维吾尔自治区电子政务外网已覆盖新疆维吾尔自治区 110 余个地(州、市)、县(市、区、口岸、管委会)。下一步自治区将继续完善电子政务外网建设,加快推进地、县二级政务部门的横向接入工作,尽早实现所有地县政务单位的全覆盖,确保国家及自治区纵向业务系统的互联互通。

西藏电子政务建设起步较晚,经过几年的发展,西藏基础网络设施建设取得新的突破,信息化水平显著提高,为电子政务发展奠定了基础。在国家有关部门的大力支持下,西藏在"金"字工程建设、党政机关信息化环境建设、政务资源开发及应用系统建设等方面取得一定进展,全区党政部门信息化基础条件明显改善。截至 2010 年,西藏约有 42.6%的地厅级单位建设了局域网,平均每家单位拥有计算机 120 台,人均计算机拥有量接近 0.78 台;自治区党政网顺利实现升级改造,有力保障了党委、政府的政令畅通;国家电子政务外网省级节点安全接入,自治区政府门户网站功能内容不断丰富,成为政府信息公开的重要途径;金财、金盾、金税、金审、金质、金关、金农、金土等金字系列工程稳步推进;自治区数据资源中心积极筹建,为全区电子政务基础性工作打下了坚实基础;政府数据资源开发利用工作稳步推进，约有 22.9%的地厅级单位建有数据资源库，其中青藏高原数据库、科技数据资源数据库、人口数据库、农业科技资源数据库等基础业务数据库建设已较为完善；财税金融和公安管理方面的数据资源共享工作取得初步进展；视频会议、电子邮件、办公自动化、电子公文传输在各级党政部门的应用不断加快，约有 18.3%的地厅级单位建有门户网站和电子邮件系统，约有 24.8%的单位建有办公自动化系统，约有 27.5%的单位建有视频会议系统。

广西政务网络平台建设项目是广西"十五"信息化的重点工程，利用自己敷设的光纤城域网，采用同缆不同芯的方式同时建设了自治区级机要专网、政务内网和政务外网三个物理隔离的网络平台。城域光纤网敷设 179 个单位的光纤和 170 公里光缆。通过光纤机要专网、政务内网、政务外网分别接入 179、154 和 87 个厅局级单位，每年节约通讯费用达到 999 万元。在政务外网的平台上采用逻辑隔离技术建立了公共信息平台，连接了 100 多个干部小区，通过 4M 数据专线实现桂林、柳州、北海、百色、崇左等 5 个城市联网。同时该项目开发了电子地图、用户认证、用户管理、项目动态管理、视频点播、IP 电话、电子邮件等一系列应用系统，并开发了桂经网、自治区发改委门户网站、中越经贸信息网和广西信息博览网等网站，发挥了重要作用。2004 年连接全区政府系统 14 个地级市、76 个县人民政府、200 多个区直单位的全区政府系统办公业务资源网高速网络骨干交换子平台建成并投入使用，解决了各级政府、各部门计算机网络的互联互通问题，能够满足全区政府系统各单位开展政务工作的需要，实现了国家办公业务资源网在广西的延伸。全区各级政府、各部门基本建成了内部办公局域网和连接国际互联网的外网，两网之间物理隔离。2004 年广西政协议政交流平台争取利用三至五年的时间建立起联结全区六百多名自治区级政协委员、二万多名各级政协委员、30 多名驻桂全国政协委员，纵联 14 个地市和港澳地区、横跨 31 个界别，无时间和地域障碍的广西政协议政交流平台。

宁夏回族自治区政府把电子政务建设划分为以党政机关内部办公自动化和网络化为主要内容的内网建设和以为社会提供专业性服务和政务信息公开为主要内容的外网建设两个方面的任务。宁夏电子政务内网始建于 2005 年，实现了和国家电子政务内网中央级平台的互联互通，实现了与宁夏各市、县(区)的纵向网络连接，实现了与自治区人大、政府、政协、高法、高检及各委办厅局、直属事业单位、人民团体、大型企业等 180 多个单位的横向网络连接，接入单位近 700 家。宁夏电子政务外网初步实现了综合服务管理平台、骨干传输平台、安全管理平台、公共应用平台、数据资源平台的"五统一"，为各部门开展业务应用提供了全面覆盖、安全可靠、资源丰富、管理规范、服务专业的公共平台。数据资源的共享、信息采编和内容发布、电子公文传输、电子邮件等内网应用的开通降低了行政成本，为各使用单位节约了大量经费。

宁夏回族自治区人民政府 2006 年成立了由办公厅主管的信息化建设管理机构，建成人民政府门户网站，扩大了政府的服务面与宣传影响。2007 年 2 月，自治区政府与宁夏电信有限公司签订自治区政务信息化工程全面合作框架协议，由宁夏电信有限公司投资 5000 多万元负责建设电子政务外网基础平台、相关网络以及平台硬件的服务和软件的协调，自治区政府投资 4000 多万元用于数据资源的开发、软件应用和终端系统的建设。宁夏电信有限公司利用网络资源和技术优势，协助宁夏自治区政府进行电子政务中心平台、网络平台、各项应用系统的规划，实施方案的制订和项目建设工作，利用数据电路、互联网接入、电信新业务、IDC 业务及外包服务等电信业务推动电子政务，加快电子政务的应用，有效提升自治区政务信息化水平。目前全区 5 个地级市全部都建设了政府公众网，地市级政府门户网站拥有率为 100%，县级政府门户网站拥有率为 96.71%，主要部门基本完成了本部门网站建设。在 2007 年公布的数据资源评价中，宁夏回族自治区人民数据资源列第 30 位，在西部五省列第四；地级市人民数据资源排名中，银川市列 173 位，固原市列 263 位，中卫市列 272 位，石嘴山市列 282 位，吴忠市列 301 位，除银川市排名前进外其他均比 2006 年排名靠后；县级网站排名中，永宁县列 84 位，平罗县列 87 位。

在我国的 5 个少数民族自治区之外，30 个少数民族自治州和 120 个少数民族自治县(旗)近年来根据所在地区电子政务建设工作统一安排，结合各地实际，出台了电子政务建设的相关政策，在政府门户网站建设、电子公文传输系统、办公自动化系统等方面做了大量工作，并取得了一定的成效。目前，全国 30 个自治州和 120 个自治县的政府门户网站已经全部开通，部分自治地方在少数民族语言文字数据资源等特色建设方面做了一些成绩。例如，湖北省恩施土家族苗族自治州人民政府 2007 年印发了《关于推进全州电子政务建设的意见》，提出州电子政务平台的设计与建设标准应与省平台保持一致，以便于实现省州之间的数据交换与共享；各县市不建设电子政务平台；政务外网主要满足各级政务部门进行社会管理和公共服务的需要。云南省楚雄彝族自治州制定了《电子政务协同办公系统管理办法》，对基于协同办公系统的电子公文传输、电子印章、应急管理等业务进行了明确规定。湖南省湘西土家族苗族自治州电子政务办公室印发了《湘西自治州电子政务工程建设管理办法》，对项目的申报、立项、批复、监理、验收等环节进行了规范。新疆博尔塔拉蒙古自治州人民政府办公室印发了《自治州电子政务专网建设及应用管理规则》和《自治州政府系统公文无纸化传输应用管理细则》。新疆巴音郭楞蒙古族自治州在政府门户网站开通"州长信箱",加强了群众对部门承办信件的监督,信件的受理、审核、转办、签收、答复、督办等基本实现了网上办理。新疆维吾尔自治区数据资源维吾尔文版(http://uygur.xinjiang.gov.cn/)于 2006 年 1 月 1 日开通试运行,该网站包括政务动态、新疆概况、新疆旅游、政府领导、政府文件、政务公开、行政许可、招商引资等维吾尔文栏目,以符合维哈柯少数民族文字信息化国家标准的规范提供政务信息及网上政务服务。青海省果洛藏族自治州藏文政务网站于 2009 年 1 月建成运行,该网站充分考虑了藏族群众的使用习惯和特殊要求,采用了微软喜马拉雅藏文字作为网站的主要显示字体,有效解决了藏文字体不统一、不易兼容的问题,做到了架构先进合理,人机界面友好,操作简单、方便、实用,民族风格突出,地域特色浓郁。

4.2.4　其他民族事务相关数据源

中国民族事务大数据体系除上述信息源之外,还有一些特殊的数据来源,与民族事务相关的社会数据资源也可以纳入到大数据分析的范畴。民族事务相关社会数据资源主要有以下类型:第一,民族地区公共企业业务数据资源,例如民族地区中国移动、中国联通、中国电信等通信基础设施服务提供商的业务数据、中国电力集团的客户用电数据、自来水公司的客户用水数据等,除了是对其企业经营管理的真实反映之外,对其进行深度挖掘也可以发现很多潜在的规律。需要注意的是对这部分数据资源的使用一定要符合国家相关法律法规,要注重对个人和机构隐私权的保护。第二,与民族事务相关的网络数据服务商的业务数据,例如 QQ 聊天记录、微信业务数据、电子商务平台的购物记录等,当这部分数据被汇集起来做更大范围的深度分析时,也会发现很多规律,例如公民对公共事件的情感倾向,公民网络危机事件的演进方式等,这些规律对于民族事务的解决也有一定的启示意义。第三,由于民族事务本身的特殊性,除了关注我国民族地区产生的信息之外,还要关注和搜集周边邻国的基本信息以及在对外政策上的最新导向,以便提前做出应对。

总之,中国民族事务大数据体系的数据来源应该采取的是开放式结构,在绝大多数与民族事务明确相关的业务数据被纳入到采集范畴之后,可以随着民族事务在一定时期内所面临的矛盾的不同,随时调整采集的范畴,只要最终结果有助于我国民族地区社会治理的良性发展,有助于促进我国各民族之间的团结互助,就可以纳入到民族事务大数据体系中进行深度分析和挖掘。

4.3　国家民族事务大数据前端管理

信息生命周期是指信息数据存在一个从产生到被使用、维护、存档，直至删除的生命周期。国家民族事务大数据体系的价值是在后端通过集成分析和挖掘实现的，但是其价值的形成主要是在前端，由其生成机构按照规范进行产生和加工处理的，大数据前端管理的质量直接决定了后端深层次价值的实现程度。如果把大数据价值链比喻成为一条河流的话，前端基础数据管理就是上游，后端数据分析就是下游，下游数据质量是由上游可能提供的基础数据决定的，上游管理不善，下游的数据分析技术再先进也无济于事，因为数据本身可能与现实不符，分析和挖掘后的结果也就会产生偏差。因此，做好民族事务大数据的前端管理是除了建设民族事务大数据平台之外，另外一个至关重要的任务。

4.3.1　民族事务大数据的源头治理

大数据是面向数据大规模智能分析的，但是基础数据的完整程度、规范程度、开放程度对于大数据价值的发挥具有决定性的影响。因此，中国民族事务大数据体系建设必须树立从源头开始治理的理念，引导民族地区的各类机构和个人建立数据意识，积极采集和保存工作和生活当中的各类数据。为此，可以结合民族地区数据行政工作，引导各类机构建立完整、规范的数据管理体系，保障基础数据的真实性和完整性，结合民族地区电子政务建设，实现数据的数字化。大数据体系源头治理的范围不仅仅是社会领域产生的数据，民族地区测绘、遥感、探测等领域产生的空间地理信息也需要妥善保管。同时，根据国家有关数据开放的政策，在保障国家安全和公民个人隐私的前提下，逐步通过国家数据开放平台开放数据。

此外，大数据所依赖的实际上是一种"数据主义文化"，要求社会组织和成员重视数据的产生和管理，在工作和生活中，时时处处养成"用数据说话"的精细化管理思维。而目前，我国绝大多数民族地区社会管理过程中这种"数据文化"是缺乏的，领导决策不借助数据分析而更多地凭借个人经验，基层工作也不重视对数据的采集和积累，在填报上级机关要求的各类统计数据时，存在随意性较大、数据口径不一致、数据不精细等问题。这些数据被采集以后作为基础数据保存的时候，就会出现各种问题，给应用和决策支持带来障碍。为此，应该通过学习、培训和教育，引导我国民族地区基层政府机关和社会组织从思想上重视数据工作，建立相应的数据库，将工作中采集和形成的各类数据资源及时、稳妥地进行保存和管理，同时在工作中追求精细化、准确化，用更加让人信服的数据来支持工作开展和领导决策，同时为民族事务大数据体系提供高质量的基础数据。

4.3.2　民族事务基础数据的质量控制

民族事务大数据基础数据质量可以理解为"数据的一组品质标志满足大数据分析需要的程度"。在这个定义中，质量的主体是数据，质量的客体是大数据用户，质量控制的本质就是提高主体满足客体的能力的程度。如果数据质量的概念是片面的或残缺的，那么一切数据质量的控制方法或改革思路，都可能与大数据建设的初衷"南辕北辙"，这也是强调科学界定数据质量基本内涵的原因所在。

数据质量是保证数据应用的基础，它的评估标准主要包括四个方面：完整性、一致性、准确性、及时性。评估数据是否达到预期设定的质量要求，就可以通过这四个方面来进行判断。第一，完整性。完整性指的是数据信息是否存在缺失的状况，数据缺失的情况可能是整个数据记录缺失，也可能是数据中某个字段信息的记录缺失。不完整的数据所能借鉴的价值就会大大降低，这是数据质量最为基础的一项评估标准。数据质量的完整性比较容易评估，一般我们可以通过数据统计中的记录值和唯一值进行评估。例如，网站日志日访问量就是一个记录值，平时的日访问量在 1000 左右，突然某一天降到 100，就需要检查一下数据是否存在缺失。再例如，网站统计地域分布情况的每一个地区名就是一个唯一值，我国包括了 32 个省、自治区和直辖市，如果统计得到的唯一值小于 32，则可以判断数据有可能存在缺失。第二，一致性。一致性是指数据是否遵循了统一的规范，数据集合是否保持了统一的格式。数据质量的一致性主要体现在数据记录的规范和数据是否符合逻辑。规范指的是，一项数据存在它特定的格式，例如手机号码一定是 13 位数字，IP 地址一定是由 4 个 0 到 255 间的数字加上"."组成的。逻辑指的是，多项数据间存在着固定的逻辑关系，例如 PV 一定是大于等于 UV 的，跳出率一定是在 0 到 1 之间的。一般的数据都有着标准的编码规则，对于数据记录的一致性检验是较为简单的，只要符合标准编码规则即可，例如地区类的标准编码格式为"北京"而不是"北京市"，我们只需将相应的唯一值映射到标准的唯一值上就可以了。第三，准确性。准确性是指数据记录的信息是否存在异常或错误。和一致性不一样，存在准确性问题的数据不仅仅只是规则上的不一致。最为常见的数据准确性错误就如乱码。其次，异常的大或者小的数据也是不符合条件的数据。数据质量的准确性可能存在于个别记录，也可能存在于整个数据集，例如数量级记录错误，这类错误则可以使用最大值和最小值的统计量去审核。一般数据都符合正态分布的规律，如果一些占比少的数据存在问题，则可以通过比较其他数量少的数据比例来做出判断。当然如果统计的数据异常并不显著，但依然存在着错误，这类值的检查是最为困难的，需要通过复杂的统计分析对比找到蛛丝马迹，这里可以借助一些数据分析工具，具体的数据修正方法就不在这里介绍了。第四，及时性。及时性是指数据从产生到可以查看的时间间隔，也叫数据的延时时长。及时性对于数据分析本身要求并不高，但如果数据分析周期加上数据建立的时间过长，就可能导致分析得出的结论失去了借鉴意义。

民族事务基础数据管理过程中常见的问题主要有：第一，数据不实，甚至弄虚作假，这是最常见的数据质量问题，也是危害最为严重的数据质量问题。这类统计数据完全是虚构的、杜撰的，毫无事实根据。造成统计数据虚假的因素多种多样，比如，有意虚报、瞒报统计数据资料，指标制定不严密，统计制度不完善等。第二，指标数值背离指标原意，这是由于统计工作者对指标的理解不准确，或者是因为指标含义模糊，指标计算的随意性大等原因造成的数据质量问题，表现为收集整理的统计数据不是所要求的统计内容，数据与指标原意出现走样，面目全非。第三，数据的不可比性。它是指同一个指标在不同时期的统计范围、口径、内容、方法、单位和价格上有差别而造成的数据的不可比性。此外，常见的统计数据问题还有计算错误、笔误等。

造成民族地区基础管理问题的原因主要有：第一，观念缺乏创新，统计手段和方法不科学，造成统计数据的及时性、准确性、权威性"弱化"，指导决策和服务管理的职能作用"淡化"。第二，基础工作薄弱，有些基层单位不重视统计工作，统计队伍有失稳定，或统计人员兼任其他多项工作，造成一心多用，严重影响统计工作质量。部分单位的基础核算资料、原始记录、统计台账不健全，甚至有的根本没有原始记录、统计台账，统计数据缺乏可靠的依据。个别企业原始记录、统计台账不完善、不规范，凭印象填报数据，有的甚至连报表都没有，靠工作人员估报，统计数据随意性较大，这就更难保证统计数据的准确性。第三，队伍素质不高，在基层统计人员中存在业务素质偏低，新手多，外行多，复合型人才少，尖子人才少的问题。由于基层统计人员缺乏必要的统计基础知识，不能运用科学方法搜集、整理、论证统计数据，仍然沿用过去的统计方法。同时，统计人员社会地位较低，待遇较差，导致一些统计人员缺乏较强的事业心和责任感，造成基层统计队伍不稳，人才外流问题严重，统计岗位调换频繁，还有一些单位根本没有固定的统计人员，临时抽人填报，工作中完全凭感觉、靠估计。第四，盲目追求政绩，造成了对数据质量的负面影响，通常人们把工作业绩作为衡量管理者任职期间工作能力的尺度。统计数字作为一定时期经营成果的客观反映，就被赋予了特殊的色彩。人为的干扰也可使统计数据的客观性、准确性、真实性受到严重影响。

为了保障民族事务大数据基础来源数据的质量，民族自治地方相关机构应该从以下方面着手采取措施：第一，数据质量控制的原则应当是全过程的、全员参加的数据质量控制。首先，数据质量控制要贯穿于统计工作的全过程。统计数据的质量是统计"过程"的结果，所以必须对统计调查、数据收集、统计核算、统计分析、统计报告、统计服务、统计监督等各个环节，统筹兼顾、系统优化。其次，参加数据质量管理和控制的人员应当是全面的。全体统计工作者都要树立数据质量意识，各个主要的工作环节都要落实专人负责。只有人人关心数据质量，大家都对数据质量高度负责，产生优质的统计数据才有坚实的群众基础。第二，调查设计阶段的质量控制。调查设计是统计工作的首要环节，数据质量的好坏首先取决于这个过程，它是提高数据质量的前提。如果设计过程的工作质量不好，就会给数据质量留下许多后遗症。设计过程的质量控制需要抓好以下几项工作：正确规定数据质量标准是指根据不同的统计目的对统计数据精度所提出的要求。满足统计目的精度的统计数据就是准确的、高质量的统计数据。首先要作充分的调查，系统地收集市场和用户对统计数据的反映和实际使用效果的情况；其次要分析研究过去统计数据的主要质量问题，找准数据质量控制的主攻方向；最后要进行反复论证，考虑到统计工作中实际能够达到的水平，合理设计统计指标体系及其计算方法。统计指标设计得是否合理，也是影响数据质量的因素之一。采用统计报表搜集资料，首先要实行标准化管理，制定的指标要符合统计制度的规定，范围要全，分组要准，指标涵义的解释和计算方法要精确；其次要对统计报表的设计、颁发、填制、汇总的全过程实行全面质量管理。第三，资料整理鉴别阶段的质量控制。统计资料整理鉴别阶段出现的差错是数据质量问题的重要方面。如果资料不准确，就会影响结论的正确。因此，要特别注意审查资料的可靠性和适用性，要弄清楚统计指标的口径范围、计算方法和时期特点。对于口径不一致或不完整的资料，需要进行调整、补充；对于相互比较的资料，必须要注意有无可比性；一旦发现数据有严重的质量问题，应进行核实，避免有质量问题的资料进入汇总处理阶段。总之，对于搜集到的资料，经过鉴别推敲、核实审定，使之准确无误后，才能使统计数据的质量得到保证。第四，人为错误的质量控制，大力推进业务数据化建设。依靠先进技术实现统计手段的创新和统计数据"快、精、准"的高质量标准，是统计改革和发展的必由之路。目前，已有许多机构根据实际情况，在内部推行统计电算化，一方面减轻了统计人员的劳动强度，提高了工作效率。另一方面，在提高信息传输速度的同时，也使数据质量有了大幅度的提高，真正实现了数据反馈的"准确性和及时性"。同时，提高统计人员的业务素质、统计人员的业务技术水平，是统计人员在统计岗位上能否顺利有效地开展工作，特别是能否切实履行、充分发挥统计职能的先决条件。要通过统计业务培训，把企业统计练成一支懂得统计理论，能干统计实务，会当领导参谋，既适应市场经济需要，又适应现代化管理需要的具有过硬本领的队伍，杜绝因业务不熟悉而造成的数据质量问题。提高对统计的认识，加大统计执法力度。统计部门今后应重点加大统计执法检查，使统计工作者树立高度的统计法制观念和良好的职业道德，逐步建立健全社会的统计诚信体系。

4.3.3　民族事务基础数据源开放与共享

民族事务基础数据来源具有多样性特征，既有民族事务主管机构产生的具有公共属性的数据资源，也有民族地区公共企业或个人产生的具有私人特征的数据资源。为了对这些来源各异、千差万别的数据资源进行整合分析，前提条件是这些数据可以对外开放，允许政府和社会机构进行访问。民族事务基础数据资源的开放与共享可以分为由政府控制的公共数据资源、由企业和个人控制的私域数据资源两种，每种类型的数据资源对应的开放和共享策略是不同的。

公共数据资源主要是由国家民族事务管理委员会和各民族自治地方的自治机关所产生、接收和管理的数据资源，也就是通常所说的"政府数据"。所谓政府数据，是指政府和公共机构依据职责所生产、创造、收集、处理和存储的数据。政府数据的开放，有三个层面的含义：一是政府数据应该可在线访问及获取，因而格式应该是开放且标准的；二是政府数据应允许再利用和传播；三是开放具有普遍参与性和非歧视性。开放政府数据具有多重意义：一是提高政府透明度和工作效率；二是政府数据蕴含着巨大的经济和社会价值；三是开放政府数据可以带来大量创新，从而节省社会成本，提高生活质量，增加就业。

从国际上看，政府数据开放还处于初期阶段，主要通过制定战略或政策文件形式指导开放，又因涉及多个部门，往往由最高领导层发布，如美国总统奥巴马在 2009 和 2013 年两次发布开放政府数据的行政令；英国 2010 和 2011 年先后两次发布《致政府部门开放数据函》等。在开放的形式上，一般采用国家统一的门户网站形式开放数据，目前已有大约 52 个国家和地区建立了这样的数据平台。政府数据开放过程中，各国通常会把它作为一种国家资产进行管理，要求建立相关的制度。比如建立数据资产目录，各部门需梳理数据资产，明确各类数据的开放属性(公开、限制公开、不公开)；建立数据开放的目录，确定哪些是已开放的，哪些是将来会开放的。而且，这两个目录都不是一次性的，需要持续更新和补充。国际上很重视建立公众的参与和反馈机制，确保用户的需求得到及时反馈，优先释放用户需求最为迫切的数据集，美国基本上每个季度会对数据开放的相关进展进行评估。在数据利用方面，目前最普遍的一种许可方式是及时共享许可协议，用户只需按照作者或许可人的指定方式进行署名就可以了。从国际趋势看，政府数据的获取正在向免费或边际成本收费的模式转变。在隐私保护方面，英美都提出了全生命周期的概念，即应该在政府数据开始产生的每个流程，都加入隐私分析和设计，而不是在最后环节才考虑。美国规定各部门应对照现有法律规定和部门高级隐私专员一起来决定数据的公开是否恰当，并需向法律部门咨询协商最后确定；英国则在推进数据开放的主要部门任命专门的隐私保护专家。

2015 年我国密集发布了多个与政府数据开放相关的文件，其中最主要的是国务院印发的《促进大数据发展行动纲要》。纲要对相关政策进行了梳理，提出在开放前提下加强安全和隐私保护，在数据开放的思路上增量先行，提出在 2018 年底前建成国家统一的数据开放平台。纲要对数据开放的相关管理制度做了原则性规定，包括要建立公共机构《个人数据保护法》资源清单，建立大数据采集机制，制定政府数据共享开放目录，提出优先开放的一些领域。北京、上海、浙江、青岛、武汉这些地方政府都已经建立了专门的政府数据开放的网站。像气象、林业这些部门这两年也建立了自己专门的数据开放的网站。目前我国政府数据开放还处在起步和探索阶段，完善政府数据开放，还需在以下几方面进行努力：一是从国家层面制定整体的战略和行动计划，要有统一的领导和推进机构负责政策的制定、实施和评估，明确各级政府部门的开放任务和相关配套措施，包括怎么来建立政府的数据资源清单、数据开放目录、开放时间表、公众参与机制等。二是确立开放数据的原则，比如数据应该是机器可读的、是默认开放的、采用开放许可模式，数据还应该是原始性的，开放应该是非歧视性的，等等。三是要建立相关的数据管理保障制度，包括数据开放怎么进行审核、安全保障和隐私保护、阶段性评估和考核等方面的相关制度。

私域数据资源开放共享比较复杂，要在保护相关利益群体权益的前提下，有选择、有步骤地逐步推进数据的开放共享。"私域数据资源公益性开发"是指信息机构以公众受益和社会效率为目标，在遵守国家法律，尊重和保护私域数据资源产权主体权利的前提下，通过协调与个人和私人机构之间的关系，对部分具有社会价值的私域数据资源所进行的共享、加工和服务等活动。"私域数据资源公益性开发"的主体主要是政府和公益性的信息机构，允许部分私人机构和个人出于公益目的参与开发。"私域数据资源公益性开发"的客体是具有社会价值的私域数据资源，而不是所有的私域数据资源，例如个人隐私、商业机密等都是要排除在外的。"私域数据资源公益性开发"是大数据背景下，实现社会数据资源整体性优化配置的尝试，对社会基础大数据集的构建与应用有着重要的促进作用。

　　私域数字资源开放遵循平衡原则，其核心理念是找到"私人权益"和"公共利益"的平衡点，使私人机构或个人、公共数据机构、社会大众在私域数据资源管理过程中共同参与、共同受益，建立起私域数据资源管理多元主体的共建共享机制。平衡原则同时强调"私域权益"和"公共利益"的重要性，利用技术和管理手段实现私人数据管理模式的创新，其主要思路有：(1) 数据资源物权和管理权的相对分离。例如，私人机构可以将私域数据资源交给公共机构代为管理，在征得所有权人授权的前提下，可以对部分数据资源的内容进行复制和公开。(2) 访问权限的开放和管理权限的保留。例如，私人机构或个人向公共信息机构提供部分数字数据资源的远程访问权限，但是管理和维护由自己负责。(3) 整体性应用的开放和个体性检索的限制。例如，私人机构或个人向公共机构提供数字数据资源的统计性、综合性应用的访问权限，但是对于数据资源详细内容的检索需求予以限制。私域数据资源公益性开发其本质上是协调数据资源所有者的权益和社会大众利益之间的关系，找到两者的平衡点。与物质性产品属性不同，数据资源的物品属性较为复杂。由于数据资源内容的多样性和利用情境的多变性，信息载体、服务技术、利用方式等因素的变化都会影响到数据资源对其物品属性的理解，因此实践中很难准确判断某数据资源属于公共产品、准公共产品还是私人产品。私域数据资源是由私人机构或公民个人所产生和管理的数据资源，其物品属性也不仅仅是私人产品，而是随着其内容和应用情境的变化而变化。与之对应，私域数据资源公益性开发也不会仅仅依靠某种单一的策略，而是一个持续变化的策略体系。由于应用情境的复杂性，本书根据私域数据资源的内容与"私人权益"和"公共利益"联系的紧密程度，构建的"策略轴"模型如图4-6所示。

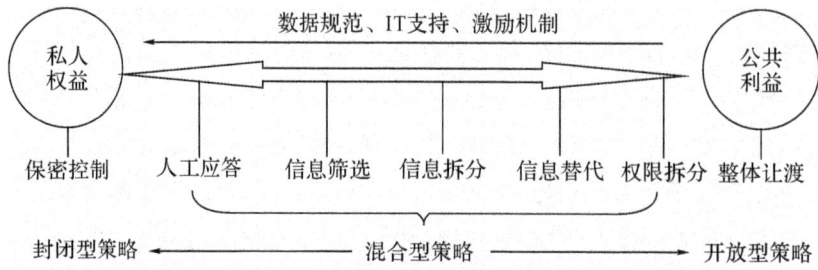

图 4-6　私域数据资源的开放策略

图 4-6 中，私域数据资源开发策略是由数据资源的内容及其与私人权益、公共利益之间的关系决定的，具体应该采取哪种开发策略取决于这种数据资源在策略轴模型当中的位置。例如，个人体检表等数据资源更接近于私人权益，而个人撰写的某个行业的调查报告则与公共利益的关系更加密切。图 4-6 中，根据数据资源内容的差异性，私域数据资源公益性开发策略分为 7 种策略，即"保密控制"策略、"人工应答"策略、"信息筛选"策略、"信息拆分"策略、"信息替代"策略、"权限拆分"策略和"整体让渡"策略。各策略的内涵特征如下：(1) "保密控制"策略主要针公民个人数据、个人隐私和私人机构商业机密等类型的私域数据资源，这一类型的数据资源需要从技术和管理方面采取严密的控制手段，防止数据资源的外泄和传播。(2) "人工应答"策略主要针对一些与个人和机构权益相关的数据资源，这些数据资源不宜按照文本和多媒体方式对外提供，只按照需求由相关人员通过人工方式予以应答，在应答过程中，工作人员会根据用户的需求和数据资源本身内容的特殊性进行权衡，有选择地进行回答。(3) "信息筛选"策略是指必须以文本或者多媒体方式向公共信息机构公开信息的情况下，在公开之前需要根据保密管理的需求，对数据资源进行筛选，通过筛选的数据资源再提交给相关信息机构。(4) "信息拆分"策略是指隐私性信息分布于内容较多的数据资源中，在向外提供时可以将相应的内容进行分解，选择合适的部分向公共数据资源提供。例如，提供某项调查的总体结论部分，对于涉及被调查人详细信息的部分则不予提供。(5) "信息替代"策略是指私域数据资源中包含有真实的个人姓名或机构名称时，出于保护隐私和机密的需要，可以将这部分信息用"某人"、"某公司"或者"小 A"、"B 公司"等代码进行替换。(6) "权限拆分"策略是指将数据资源整体性提交给公益性开发机构，但是对于该数据资源的使用权限进行限制，例如限制使用年限、用户类型、使用目的等，例如整体性应用开放，对细节性检索予以限制，保留所有权，开放管理权等。(7) "整体性让渡"策略是指通过机构公开征集、个人或企业主动捐赠等方式，将原本属于公民个人或私人机构所有的数据资源整体性让渡给公益性信息机构，从而成为真正的公益性数据资源。以数据管理为例，国家鼓励私人机构或个人向公共数据管理机构转移私人数据。例如，对采用移交、捐赠、寄存等多种方式向公共数据管理机构转移由其保管的数据资源的私人机构或个人给予奖励，在这类数据利用过程中要注意保护捐赠人或委托方的权益，对利用行为加以必要的限制。

由于私域信息类型的丰富性和私域信息管理的复杂性，其公益性开发不可能依赖单一的策略，而是根据具体的应用问题实现多种策略的综合应用。上述私域数据资源的开发策略中，"保密控制"策略属于封闭型策略，"整体让渡"策略属于开放型策略，其余策略属于混合型策略，即同时要兼顾私人权益和公共利益，只是两者的比例不同，有的侧重于保护私人权益，有的则强调公共利益。"封闭型策略"是从纸质信息管理沿用下来的私人信息管理模式，具有一定程度的合理性，但是它也是最为保守的一类策略，在私域数据资源公益性开发的深度、广度和效率方面均受到很大的局限。"开放型策略"面向的是私域信息管理最理想的一种状态，如果社会各类机构和成员的数据资源都可以无限制地进行共享和访问，依据这些数据资源做出的决策其理性程度会大幅度提高。但是，受制于社会系统各类错综复杂的因素，私域数据资源走向公开是大势所趋，但是完全公开是任何时候都不可能实现的。"混合型策略"非常适合基于云计算(Cloud Computing)架构的私域数字数据资源管理。在云计算中心的支持下，数量众多的私人机构和个人基于统一平台开展各自的业务，数字数据资源被集中保存在云计算中心，这些数字数据资源之间具有非常复杂的逻辑关联，基于对大量数据相关性的分析为机构和个人的决策提供支持，这就是大数据时代的主要特征。然而，保存在云计算中心的私域数据资源的物权还是属于私人机构或个人所有的，在这些数据资源基础上进行的各类应用项目必须获得其物权所有人的授权，涉及机密、隐私等问题，私域数据资源的公益性开发必须考虑到对私人机构或个人信息权益的充分保护。"混合型策略"是由技术手段推动的私人信息管理的创新模式，尤其符合云计算、大数据等信息技术发展前沿的应用需求，应该成为未来重点关注和支持的策略类型。

图 4-6 中，为了体现私域数据资源公益性开发与数据资源数据质量的约束性要求，在策略轴模型中加入了"数据规范"。所谓"数据规范"是指国家信息化主管部门或者公共信息机构为了更好地开发利用私域数据资源，对其生成过程进行适度指导和干预，尽量保障私人机构和个人产生的数据资源符合真实性、完整性和可靠性等要求，可以被纳入到社会数据资源一体化管理体系中。此外，现代信息技术在私域数据资源公益性开发中发挥的作用越来越重要，基于云平台的信息系统中，多个机构或个人的数据资源物理上可能是存储在同一地点的，这种特性为这些数据资源与公共数据资源的协同开发提供了便利。私域数据资源开发过程中，必须考虑到产权人的激励问题，尤其是该数据资源耗费了大量成本或者有着特殊意义的情况下。为了鼓励公民和私人机构向公共信息机构提供自己的数据资源，政府可以采取多种方式，例如对部分数据资源采用收购方式，公共机构支付给数据资源产权所有人一定的费用，如机构完成的社会调查数据、个人进行的发明创造的相关信息等。由于数据资源具有使用的非消耗性，在私域数据资源公益性开发过程中，除了经济手段之外，还可以采用公开表彰、信息产品使用授权等方式，使得支持私域数据资源公益性开发

的机构和个人得到回报。

4.3.4　多民族语言基础数据资源的交融

　　随着我国少数民族语言文字信息处理技术的逐步成熟和推广，如何妥善处理少数民族语言数据资源建设过程中的各类复杂关系，确保少数民族语言数据资源与国家通用语言数据资源的协同发展，已经成为民族地区政府信息化建设的重要课题。"多民族语言交融式协同发展策略"是指民族地区各级政府机构在建设少数民族语言数据资源时，在尊重和保护少数民族语言文字使用权的前提下，以多民族语言信息技术为支撑，以国家通用语言文字为中介，在少数民族语言文字数据资源与国家通用语言文字数据资源共享与关联的基础上，为各民族人口提供多语言一体化数据服务的发展战略。"多民族语言交融式协同发展战略"的内涵主要有以下方面：(1) 以保障少数民族人口的语言文字使用权为前提，尊重和保护少数民族人口使用本民族传统语言文字进行信息交流和数据服务的权利；(2) 以维护国家通用语言文字的法律地位为根本，充分发挥国家通用语言文字作为"中华民族共同语"的核心作用，以国家通用语言文字为中介，将我国多民族语言文字联结为统一的整体；(3) 以我国多民族语言信息处理技术为支撑，依托计算机和网络等技术手段，削减跨语言信息交流的难度，促进多民族语言信息交流和共享；(4) 体现了中华民族文化"多样性"和"一体性"的有机统一。"交融"并不是"融合"，而是在交流的同时，各民族自身的文化特色并没有丧失，而且因为交流得到了进一步发展；"协同"并不是"同化"，而是相互取长补短，共同走向繁荣的过程。

　　"多民族语言交融式协同发展"可以通过以下方面予以实现：第一，多民族语言文字编码标准的一体化。从 20 世纪 80 年代中期开始，我国先后制定了蒙古文、维吾尔文、朝鲜文、彝文、藏文等多种少数民族文字的信息处理标准，这些标准绝大多数都是以某个民族文字为基础单独制定标准的，各少数民族语言所使用的编码空间相互重叠，可以满足单一语种环境下的应用需求，在多语种应用中则可能因为代码冲突而出现乱码现象。为此，在我国政府的努力下，我国使用人口较多的少数民族文字已经收入国际通用字符集标准 ISO/IE 10646《信息技术　通用多八位编码字符集》(即 Unicode，与 GB13000 相对应)。同时，2005 年公布的中文信息处理国家标准 GB18030—2005 中收录了藏文、蒙古文、傣文、彝文、朝鲜文、维吾尔文等少数民族文字的编码标准。GB18030 是为中华民族所专门设计的一套标准体系，可以有效解决藏文"大字丁""小字丁"冲突等少数民族语言文字处理的特殊问题；考虑到少数民族语言文字编码标准与国家通用语言文字编码标准的兼容性需求，少数民族语言电子文件的编码标准采用 GB18030 更为妥当一些。第二，多民族语言文字语言资源建设的一体化。多民族语言信息处理主要是借助现代信息技术实现不同语种语言文字等价语素之间的语义转换，这种转换通常要以某种形式的语言资源作为支撑。目前，在机器翻译领域常用的语言资源主要有：机读双语词典(Machine-Read Bilingual Dictionary)、双语语料库(Bilingual Corpus)、多语言叙词表(Multilingual Thesauri)、多语言本体(Multilingual Ontology)等。此外，多民族语言通用语义代码也是多民族语言信息共享问题的一种解决方案。通用语义代码(Universal Semantic Code，USC)是一种为实现多语言信息交流而专门设计的人工编码体系，该体系独立于任何一种具体的自然语言，其存在主要是为多种自然语言同义语素的定位和关联提供逻辑基础，也是多种自然语言一体化信息检索和语义共享的逻辑中介。通用语义代码本身并没有任何特殊含义，其建构必须以某种具体的自然语言作为语义参照对象，结合我国语言文字工作的总体规划，多民族语言通用语义代码体系的构建应当以国家通用的汉语和规范汉字作为参照语言文字。我国少数民族语言文字机器翻译技术目前还处在初级阶段，能够支持机器翻译技术的语言资源主要为少数民族语言和国家通用语言之间的语义转换提供支持，数量和规模较小且分布于各个研究机构中，迫切需要从国家层面上对多民族语言资源进行统一规划和建设。目前，受到市场规模、人才数量等因素的制约，尽管多民族语言文字语言资源建设的战略意义非常重要，企业在这一领域投入的热情并不高，作为政府财政资金支持的电子政务系统正好可以起到引领和示范作用，建成的语言资源体系除了满足电子政务系统建设需求之外，还可以为社会大众提供服务。第三，多民族语言文字数据资源开发的一体化。多民族语言数据资源开发的一体化是指在少数民族语言数据资源开发中就考虑到多民族语言数据资源共享问题，例如在生成少数民族语言文字公文、数据库记录、网页等数据资源时，如果能够在少数民族文字语言元素中嵌入"通用语义代码"，则相当于实现了少数民族语言文字与国家通用语言文字的语义关联。"通用语义代码"作为程序语言，不在数据资源正文当中显示，但是可以支持跨语言数据资源检索，无论采用的是何种语言文字，只要属于同一主题的相同或相近语义，均可通过计算机程序检索到。嵌入了"通用语义代码"的少数民族语言数据资源，可以通过程序实现多种形式的应用，例如实现鼠标悬停通用语义提示、双语对照概要翻译、根据关键词词频统计进行阅读建议等。相对于直接生成文本数据资源，嵌入通用语义代码相对而言繁琐了一些，但是由于少数民族语言文字数据资源数量整体较少，在自动化语义代码标注程序的辅助下，通过机器和人工方式相结合来完成少数民族语言数据资源通用语义代码的标注是完全可行的。目前我国少数民族语言数据资源主要通过人工编译方法完成，借助于通用语义代码体系等多民族语言文字语言资源，将国家通用语言文字数据资源翻译为少数民族语言数据资源的难度也大大降低，从而可以大幅度提高少数民族语言数据资源开发的效率。第四，多民族语言文字数据服务体系的一体化。多民族语言数据服务的一体化是指少数民族语言数据资源提供数据服务过程中，需要考虑公民的跨语言信息需求，通过多种手段降低公民跨语言信息共享的难度。例如，少数民族人口在网站以少数民族文字输入检索词，系统通过语义转换后获得通用语义代码及其对应的通用语言文字、其他少数民族语言文字的同义语素，进而同时进行多种语言文字的信息检索，大大提高了信息检索的范围。反之，公民使用国家通用语言文字语素作为检索词，也可以同时获得多种语言文字的检索结果。此外，少数民族语言数据资源可以提供多种形式的跨语言辅助阅读功能，例如提供少数民族语言文字自学课程视频、少数民族语言文字词汇查询系统、少数民族语言文字语义提示功能、少数民族语言文字阅读辅助系统等。为了确保少数民族语言数据资源数据服务的质量，政府可以委托专业技术机构开发"多民族语言网页浏览插件"，只要在浏览器中加载了该插件，系统就可以提供对应的语义提示等服务功能。

总而言之，"多民族语言交融式协同发展策略"是在尊重少数民族语言文字使用权的前提下，通过多语言转换技术，以国家通用语言文字为核心实现多民族语言数据资源的整合共享，而使少数民族语言数据资源可以与国家通用语言文字数据资源进行无缝连接，形成一种多语言数据资源协同发展、共同繁荣的格局。

本 章 小 结

国家民族事务大数据体系总体上分为"国家民族事务处理环境(OLTP)"和"国家民族事务数据分析环境(OLAP)"两部分。"国家民族事务处理环境"由国家民委电子政务系统、民族自治地方电子政务系统和其他数据源组成；"国家民族事务数据分析环境"由"民族事务大数据仓库"、"民族事务数据分析和挖掘"构成。"事务处理环境"为"数据分析环境"提供基础数据源，"数据分析环境"将基础数据源进行深度分析和挖掘后，产生民族事务处理的规则和策略，为相关领域决策提供支持和参考。

中国民族事务大数据平台中共规划了 6 个专题大数据集，分别是"民族事务人口数据集"、"民族事务法人单位数据集"、"民族地区经济发展数据集"、"民族地区社会治理数据集"、"民族地区公共文化数据集"和"民族对外交流事务数据集"。中国民族事务大数据体系的来源主要由国家公共基础信息库、国家民委电子政务系统、民族自治地方电子政务系统和其他相关数据来源组成。

中国民族事务大数据体系建设必须树立从源头开始治理的理念，引导民族地区的各类机构和个人建立数据意识，积极采集和保存工作和生活中的各类数据。数据质量是保证数据应用的基础，它的评估标准主要包括四个方面：完整性、一致性、准确性、及时性。民族事务基础数据资源的开放与共享可以分为由政府控制的公共数据资源、由企业和个人控制的私域数据资源两种，每种类型的数据资源对应的开放和共享策略是不同的。政府数据的开放，有三个层面的含义：一是政府数据应该可在线访问及获取，因而格式应该是开放且标准的；二是政府数据应允许再利用和传播；三是开放具有普遍参与性和非歧视性。私域数字资源开放遵循平衡原则，其核心理念是找到"私人权益"和"公共利益"的平衡点，根据数据资源内容的差异性，私域数据资源公益性开发策略分为 7 种策略，即"保密控制"策略、"人工应答"策略、"信息筛选"策略、"信息拆分"策略、"信息替代"策略、"权限拆分"策略和"整体让渡"策略。"多民族语言交融式协同发展策略"是指民族地区各级政府机构在建设少数民族语言数据资源时，在尊重和保护少数民族语言文字使用权的前提下，以多民族语言信息技术为支撑，以国家通用语言文字为中介，在少数民族语言文字数据资源与国家通用语言文字数据资源共享与关联的基础上，为各民族人口提供多语言一体化数据服务的发展战略。

第 5 章　中国民族事务大数据平台的技术架构

　　民族事务大数据平台是国家民族事务大数据体系的核心模块，是真正实现海量基础数据资源汇集与分析的技术平台。按照国家民族事务大数据体系的体系框架模型，大数据平台分为基础设施层、数据处理层和数据服务层三个部分，本章对每个层面涉及的技术问题进行简要分析和介绍。

5.1　基础设施层

　　基础设施是大数据平台得以正常运行的物质载体，没有基础设施的支撑，数据资源将无法存储，应用系统也将无法实现其功能，因而基础设施建设通常会在大数据体系建设的初期启动。在基础设施建设达到一定水平之后，再逐步启动数据资源建设和应用系统开发等项目。中国民族事务大数据基础设施大体上可以分为通信基础设施、存储基础设施、安全基础设施和语言基础设施四种类型，其中前三种是通用基础设施，而语言基础设施则是专门针民族自治地方大数据整合过程中多民族语言跨语种共享的需求而专门进行设计和建设的。

5.1.1　通信基础设施

　　"通信(Communication)"即信息的传递与交流，是指将信息从一个地点传送到另一个地点所采取的方法和措施。在古代，人类通过驿站、飞鸽传书、烽火报警等方式进行信息传递，这就是最开始的通信，随着现代科学水平的飞速发展，相继出现了无线电、固定电话、移动电话，甚至视频电话等各种通信技术，拉近了人与人之间的距离，提高了经济效率，深刻地改变了人类的生活方式和社会面貌。近年来，以计算机为核心的信息通信技术(Information and Communications Technology，ICT)凭借网络飞速发展，渗透到社会生活的各个领域。ICT 作为信息通信技术的全面表述更能准确地反映支撑信息社会发展的通信方式，同时也反映了电信在信息时代的职能和使命演进。计算机网络，是指将地理位置不同的具有独立功能的多台计算机及其外部设备，通过通信线路连接起来，在网络操作系统、网络管理软件及网络通信协议的管理和协调下，实现资源共享和信息传递的计算机系统。简单地说，计算机网络就是通过电缆、电话线或无线通讯将两台以上的计算机互连起来的集合。通俗地讲，计算机网络就是由多台计算机(或其他计算机网络设备)通过传输介质和软件物理(或逻辑)连接在一起组成的。一个完整的计算机网络系统由网络硬件和网络软件所组成。网络硬件是计算机网络系统的物理实现，网络软件是网络系统中的技术支持，两者相互作用，共同完成网络功能。计算机网络硬件系统是由计算机(主机、客户机、终端)、通信处理机(集线器、交换机、路由器)、通信线路(同轴电缆、双绞线、光纤)、信息变换设备(Modem，编码解码器)等构成。计算机网络软件一般由网络操作系统、网络协议软件、网络管理软件、网络通信软件、网络应用软件构成。

　　"云计算(Cloud Computing)"是一种基于资源高度集成的基础设施提供互联网信息技术服务的基础设施架构。"云计算"的定义有多种，现阶段广为接受的是美国国家标准与技术研究院(NIST)所做的定义："云计算"是一种按使用量付费的模式，这种模式基于可配置的计算资源共享池为用户提供可用的、便捷的、按需的网络访问。其中，计算资源包括网络、服务器、存储、应用软件等，这些资源能够被快速提供，只需投入很少的管理工作或与服务供应商进行很少的交互就可以完成配置。"云计算"使计算分布在大量的分布式计算机上，而非本地计算机或远程服务器中，这使得机构能够将资源切换到需要的应用上，根据需求访问计算机和存储系统，"云计算"包括三个层次的服务：(1) IaaS (Infrastructure-as-a-Service)基础设施即服务。基础设施即服务是指消费者通过 Internet 可以从完善的计算机基础设施获得硬件服务器空间租用等服务。(2) PaaS(Platform-as-a- Service)平台即服务。平台即服务是一种无需下载或安装，即可通过 Internet 发送操作系统和相关服务的模式。由于平台即服务能够将私人电脑中的资源转移至网络云，所以有时它也被称为"云件"(cloud ware)。平台即服务是软件即服务(Software as a Service)的延伸。(3) SaaS(Software-as-a-Service)软件即服务。软件即服务是将软件部署为托管服务并通过因特网提供给客户，是一种通过 Internet 提供软件的模式，用户无需购买软件，而是向提供商租用基于 Web 的软件来管理自身的业务和活动。

5.1.2　存储基础设施

　　从计算机发明以来，存储需求与存储能力之间的矛盾成为驱动存储器件和存储技术不断发展的动力。最早的信息存储技术是作为计算机系统的一部分出现的，在"计算机之父"冯·诺依曼(John Von Neumann)设计的计算机体系结构中，存储器(Memory)是用来记忆和存储计算机指令和数据的器件。为了使计算机整体运算速度和器件成本之间的性价比达到最优，技术人员设计出主存储器和外部存储器相互结合的架构体系，主存储器存储常用数据，而外部存储器存储程序和使用频率较低的数据。随着半导体和磁性材料技术的发展，存储器件的性能不断得到改善，处理速度越来越快，存储容量越来越大，计算机外部存储器的容量也在不断地扩充。计算机系统外部存储主要采用磁存储技术和光盘存储技术。磁存储系统，尤其是硬磁盘存储系统是当今各类计算机系统最主要的存储设备，在信息存储技术中占据统治地位。磁存储介质是在带状或盘状的带基上涂上磁性薄膜制成的，常用的磁存储介质有计算机磁带、计算机磁盘(软盘、硬盘)、录音机磁带、录像机磁带等。在单一的硬磁盘存储器、光盘存储器等器件容量持续扩大的同时，利用多个器件相互配合构建大规模存储体系的技术也得到了快速发展，其中最有代表性的技术主要是 RAID、磁带库和光盘库(塔)。RAID 主要用来存储海量的在线数据，磁带库和光盘(塔)用来存储海量的近线和离线数据。

为了适应政务大数据量持续增长的挑战，技术人员以 RAID 技术和网络技术为基础，结合各类存储器件的性能和特点，设计出了多种基于网络架构的海量信息存储体系，其中最有代表性的是 DAS、NAS 和 SAN。直接连接存储 DAS(Direct Attached Storage)是数据存储领域产生最早、发展时间最长的传统数据存储方式，它是将磁盘存储设备直接通过电缆连接到服务器的方式，主要应用于单机或两台主机的集群环境中，其主要优点是存储容量扩展简单，投入成本少，见效快。网络连接存储 NAS(Network Attached Storage)是一种基于局域网的，在存储设备端提供基于网络访问的文件级服务的网络存储技术，主要是在网络中连入一个单独的数据服务器，为网络中的其他主机提供数据存储服务。存储区域网络 SAN(Storage Area Network)位于服务器后端，是为连接服务器、存储设备而建立的一个专用数据网络，提供数据存储服务。

SAN 网络的光纤通道交换机将网络分为"应用子网"和"存储子网"两大部分，两部分之间相互独立，应用子网上运行的所有主机只用来处理对应的业务，不需要关心存储的实现问题，交换机将分散在网络中的各类存储器件整合起来，统一向应用子网提供数据服务。SAN 架构中系统的应用和存储相互独立，为系统的扩展提供了较大的便利；采用光纤通道技术进行数据交换，解决大批量数据传输的瓶颈问题；同时，SAN 将系统中的数据整合起来管理，与数据集中的趋势相一致，因而在实践中受到了各类社会组织的欢迎，目前已经成为海量存储技术中的主流技术。政府数据中心是伴随着海量信息存储技术的发展而出现的一种为政务大数据系统提供集中化数据存储和管理服务的技术性机构。尽管在技术细节上，不同的政府机构所建立的数据中心可能有所不同，但是大多数政府数据中心所采用的架构都是 SAN 架构。

5.1.3　安全基础设施

国家民族事务大数据平台的正常运行需要安全、可靠的基础设施服务提供支持和保障，为数据资源管理和应用系统构建相对安全的信息环境。电子政务系统面临的安全威胁一般可以分为物理安全、网络安全和信息安全三个方面。物理安全威胁主要是指由自然灾害、人为破坏、电气故障等导致系统不能正常运行的情况；网络安全威胁主要是指由黑客攻击、病毒入侵等问题引发的网络访问行为失控问题；信息安全威胁主要是指由间谍窃听等行为导致的涉密信息泄露、网络环境下特殊信息的恶意传播、由用户身份冒充导致的业务失误、由信息被恶意篡改导致的无法被信任等问题。此外，做好灾难应对准备，以便信息安全事件真正发生时可以快速恢复，将损失降低到最小程度，也是大数据管理的重要内容。

民族事务大数据系统的物理安全是指要保障网络机房、数据中心等专用空间的安全性，主要分为"技术安全性"和"访问安全性"两个方面。技术安全性是指机房的建设应该符合国家标准《计算站场地安全要求》(GB9361—88)的相关要求，访问安全性是指机房需要通过物理访问控制系统防止不符合要求的人员进入机房。国家标准《计算站场地安全要求》(GB9361—88)为计算机房等专用空间的安全制定了详细的规范，从整体上将安全性划分为A 类、B 类和 C 类三个基本类别，其内容涵盖了场地选择、防火、内部装修、供配电系统、空调系统、火灾报警及消防设施、防水、防静电、防雷击、防鼠害、防电磁波等诸多方面。物理访问控制系统是应对非授权进入机房的管控方案，包括门锁、安全保卫人员、闭路监控器、电子身份卡和生物识别系统等。

民族事务大数据系统网络安全是指电子政务网络系统的硬件、软件、数据均应该受到充分保护，使其不能因为计算机病毒或者黑客攻击而遭到破坏、更改和泄露。电子政务系统应对网络安全威胁的技术措施主要有反病毒系统、防火墙、入侵检测系统和漏洞扫描系统等。信息安全是指信息在生成、采集、存储、处理、传送和利用的过程中，保密性(Confidentiality)、真实性(Authenticity)、完整性(Integrity)、可用性(Availability)、可控性(Controllability)、不可否认性(Non-Repudiation)等属性都得到良好保护的状态。信息的保密性是指网络信息不能被泄露给非授权的用户，即信息只能在授权范围内流转。信息的真实性是指信息确实是由所声称的用户发出的，可以代表信息发送人的真实意图；信息的完整性是指信息生成以后没有被非授权用户进行添加、删除、修改、变序等操作，保持着生成时的原始状态；信息的可用性是指信息可以被用户及时读取和利用的属性；信息的可控性是指可以对信息的流转实施控制；信息的不可否认性是指对网络用户的任何操作都会留下证据，使其无法否认自己做过的事情。电子政务大数据安全管理就是围绕信息的上述特性采取措施，达到以下目标：第一，信息保密，即电子政务系统应对重要信息进行加密处理，防止非法用户窃取和理解原始数据。第二，数据完整，即电子政务系统应提供对数据进行完整性验证的手段，确保能够发现数据在传输过程中是否被中途篡改。第三，用户身份可鉴别，即电子政务系统应提供业务双方进行身份鉴别的机制，通常可以通过数字签名和数字证书相结合的方式实现用户身份的鉴别。第四，数据原发者可鉴别，即电子政务系统应能提供对数据原发者的鉴别，确保所收到的数据确实来自原发者。第五，不可抵赖性，即电子政务系统应能提供数据原发者不可抵赖的机制，确保参与政务行为的各方无法否认已发生的行为，使抵赖行为不能得逞。第六，信息和用户可控，即网络管理者可以有效控制信息流转，可以对用户行为实施控制。上述目标中，信息的保密性主要通过信息加密系统、信息隐藏系统来实现；用户身份鉴别主要通过基于数字证书的公钥基础设施 PKI 来实现；数据原发者鉴别、不可抵赖性主要通过基于数字证书的数字签名系统来实现；信息和用户可控主要通过用户权限管理基础设施、有害信息监测等技术措施实现。

　　数据资源是政府的宝贵财富，其中一些事关国计民生的数据资源甚至可以说是政府的命脉所在。然而，作为政府数据资源存储和管理的专业机构，政府数据中心与其他信息系统一样，无时无刻不在面临着来自内部和外部的种种风险。一旦某种风险事件发生，轻则使依靠政府数据中心运转的政务发生中断，重则使政府数据中心中的重要数据甚至数据中心的设备、建筑等设施被毁，政务处理失去依据，政府公信力大幅下降，社会秩序出现动荡，从而使政府管理处在非常艰难的境地。因此，在防范危机发生的同时，做好应对危机的准备就显得至关重要。容灾备份(Backup for Disaster Tolerance)，简称"灾备"，是指为了能够在数字灾难发生时，在尽可能短的时间内，以尽可能小的数据丢失量快速恢复信息系统的正常运行而做的数据备份和其他准备工作。灾备目标一般用两个指标来衡量：RTO(Recovery Time Objective)、RPO(Recovery Point Objective)。RTO 即"恢复时间目标"，是系统从业务功能的停顿到恢复所能容忍的时间(恢复速度要求)。RPO 即"恢复点目标"，是系统必须恢复到的时间点要求，是衡量系统灾难发生时业务能够容忍的数据丢失量(恢复完整性要求)。RPO 通常是由最近一次数据备份决定的，与数据备份的频率密切相关，备份频率越高，发生灾难时丢失的数据量就越少。RTO 和 RPO 是机构根据不同业务对灾难引起的业务中断的承受能力所设定的恢复时间和数据丢失量的极限指标，是容灾规划中不同的容灾方案所要追求的目标。一般而言，PTO 和 RPO 是成正比例变化的，系统备份的频率越高，发生灾难时数据的丢失量就越少，进行系统恢复所需要的时间就越短，但是为了实现这个目标所要承担的成本就越高。对于一些非核心业务，如果将 RTO 和 RPO 目标设置过高，则可能出现成本高于挽回收益的情况。也就是说，灾备也必须考虑成本问题，并不是灾备等级越高的方案就越好，合理的方案必须在灾备目标、技术选择和整体成本(Total Cost，TCO)之间寻求平衡。

5.1.4　语言基础设施

多语言、多文字是民族地区社会生活的普遍特征。目前，除了作为中华民族共同语的汉语和规范汉字之外，55 个少数民族绝大多数都有自己的传统语言文字，一些少数民族的不同分支还在使用不同类型的语言文字。一般认为，我国正在使用的少数民族语言在 80 种以上，正在使用的少数民族文字在 30 种左右。就人口数量而言，目前中国少数民族约有 6000 万人在使用本民族语言，占少数民族总人口的 60%以上，约有 3000 万人使用本民族文字。语言文字的多样性，在造就我国多彩文化的同时，也给不同民族人口之间的相互沟通和交流带来诸多不便，主要体现在：(1) 信息交流障碍，无法与使用不同语种的服务人员和其他用户直接进行顺畅的语言交流，无法向对方表达自己的需求，也不能理解对方所表达的思想。(2) 信息理解障碍，无法理解采用不熟悉的语言文字所生成的信息资源，即使这些信息资源的主题与用户需求是高度相关的。一些少数民族人口可以理解某一语言的语音信息，却不能理解作为语音记录符号的文字信息，同一语言的文本信息对其也构成理解障碍。(3) 信息检索障碍，无法检索和访问需要的信息资源，同一主题、不同语言文字的信息资源在常规的检索系统中不能全部搜集到。因此，多民族语言政务大数据共享就是要在计算机网络系统的支持下，可以跨越地域、语言的障碍进行信息共享，汉族可以共享少数民族语言的政务大数据资源，少数民族也可以共享汉族的政务大数据资源，使人口较多的几个少数民族之间以汉语为中介进行信息共享，其最终目的是构建起以国家通用语言为核心的多民族与语言政务大数据资源共享体系。

多民族语言大数据资源共享是在我国多民族国家公共治理框架之下进行的，必须符合国家对多民族关系处理的基本原则；同时，多民族语言政务大数据共享是促进多民族交流和交融的重要途径，其建设必须在国家民族事务管理、语言文字管理和信息资源管理相关法规和政策的制度框架内进行，其中最为典型的内容就是"中华民族多元一体格局"的战略思想。"多元一体(Diversity & Integrity)"是中国作为多民族国家处理民族关系的一种指导思想，是我国著名社会学家和人类学家费孝通先生 1988 年 11 月在香港中文大学举办的"Tanner"学术讲演中提出的。它为如何理解中国各民族之间的互动关系提供了一个富有创见的参照体系，对"多民族语言信息共享空间"的构建也具有启发性和指导意义。按照我国《宪法》、《国家通用语言文字法》以及相关省区制定的语言文字工作条例，汉语和规范汉字是我国境内所有民族的通用语言文字，一些被广泛使用的少数民族语言文字在各自民族自治区域内具有与国家通用语言文字同等的法律效力。

　　根据"多元一体"理念，多民族语言政务大数据共享的目标模式应该是"以国家通用语言文字为核心"的多民族语言信息交流体系，通过国家通用语言文字将少数民族人口和少数民族语言信息资源连接为统一的整体，多民族语言政务大数据共享体系的核心策略见图 5-1。

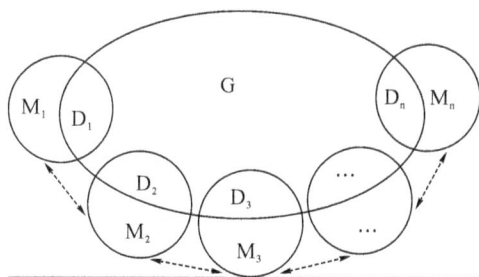

图 5-1　项链模型：多民族语言政务大数据共享体系

　　图 5-1 展示了"以国家通用语言文字为核心"的多民族语言政务大数据交流体系的基本原理，由于其整体形态有些像用线串起来的珍珠项链，本书称之为"项链模型"。图中 G 表示国家通用语言；M_1～M_n 表示我国使用人口较多、社会影响力较大的几种少数民族语言文字，例如蒙古语(Mongolian)、藏语(Tibetan)、维吾尔语(Uigur)、哈萨克语(Kazakh)、柯尔克孜语(Kirghiz)、朝鲜语(Korea)、彝语(Yi)、壮语(Zhuang)等；D_1～D_n 表示少数民族语言和国家通用语言共存的双语现象。上述共存现象可以分别从主体、客体、中介三个视角来分析：从主体视角看就是少数民族人口同时学会了本民族语言和国家通用语言文字，或者我国汉族人口同时学会了国家通用语言文字和少数民族语言文字；从客体视角来看，就是少数民族语言政务大数据资源保存的同时，同一内容的国家通用语言版本也得到了保存或者

国家在下发某份需要广泛告知的文件时，同时发布了国家通用语言文字和少数民族语言文字两种版本；从中介的视角来看，$D_1 \sim D_n$ 代表了可以为 M_1 和 G 提供语言翻译服务的人员或者技术系统。无论从哪个角度来看，$D_1 \sim D_n$ 在整个体系中都是至关重要的，正是这种双语现象的存在，使各少数民族语言区域与国家通用语言文字使用区域连接为一个整体；同时，各少数民族语言区域之间也能够以国家通用语言文字为中间语言进行信息交流。

跨语言信息检索能够部分地解决少数民族语言政务数据的信息可获性问题，使得存储在协作网络中同一主题、不同语种的政务数据都可以被检索到。获取政务数据以后，只有理解政务数据的内容才能有效利用，而要熟悉所有的语言显然不是所有人都可以完成的，这就需要计算机来进行机器辅助翻译。对于特别重要的政务大数据可以进行人工高精度翻译。可以说，少数民族语言政务大数据共享的核心矛盾就是语言障碍问题，其核心任务主要集中在跨语言辅助翻译方面。少数民族语言政务大数据共享中会涉及各类翻译需求，根据不同的需求提供不同的服务方案是跨语言辅助翻译的主要思路。具体而言，少数民族语言政务大数据的翻译需求可以有以下分类方式：第一，根据翻译所涉及源语言和目标语言的不同进行分类，可以分为"单一语种少数民族语言向国家通用语言的翻译"、"国家通用语言向单一语种少数民族语言的翻译"和"单一语种少数民族语言向其他语种少数民族语言的翻译"三种情况。第二，根据翻译对象所涉及范围的不同，可以分为"全文翻译"、"元数据翻译"、"题名翻译"和"主题词翻译"等。其中，"全文翻译"要求翻译的内容最多，最终需要提供两种语言完全对照的两个版本；"元数据翻译"只对政务大数据的元数据进行翻译，满足跨语言信息检索的需求；"标题翻译"是对政务大数据题名进行双语翻译，方便用户理解政务大数据的大致内容；"主题词翻译"则是用另外一种语言对文件主题词标引的结果进行翻译。第三，根据翻译精度的不同，可以分为"概要性翻译"和"高精度翻译"。概要性翻译主要是为了便于用户大致了解政务数据的内容，提供一种低精度的双语翻译，用户可以看到文件大致是属于哪个领域，重点在说什么问题，但是细节则由于语言翻译的问题无法立即了解。与之相对，高精度翻译则要求对政务大数据的内容做完全忠实的翻译，获得同一内容两种语言的对照版本。概要性翻译主要满足用户的浏览需求，高精度翻译主要满足用户的深度利用需求。

机器翻译是计算机语言学研究的核心问题，早在 20 世纪中期世界上第一台计算机诞生以后，计算机翻译就成为一个非常具有吸引力的研究课题。数十年来，来自计算机学、语言学、应用数学等学科的众多研究人员进行了大量的探索，解决了其中的一部分问题。从机器翻译方法的角度而言，机器翻译领域所采用的方法主要有两种类型：第一，基于规则

的机器翻译。这种方法又被称为理性主义方法，其基本思路是通过对源语言和目标语言语
法规则的研究，获得两种语言之间相互转换的数学模型，实现两种语言的翻译。机器翻译
领域最早的研究和探索都是采用基于规则的方法，并在一些特定的领域取得了非常多的成
果。但是，由于语言现象本身的复杂性，要用数学模型准确地表达语言规则是一件非常困
难的事情，语言不仅仅是词法和语法的产物，其背后所包含的丰富的语义、语境和相关领
域的知识是用数学公式无法准确定义的。因此，这种方法在出现以后就一直在遭到质疑和
批评，整体进展缓慢。第二，基于统计的机器翻译。这种方法又被称为经验主义方法或者
基于语料库的方法，其基本原理与基于规则的方法正好相反，这种方法认为语言现象本身
是复杂的，可以不用去仔细研究具体的语法规则，凭借对大量语言现象的统计分析所发现
的规律就可以完成机器翻译任务。这种方法在 20 世纪后期逐渐被认识和接收，并获得了飞
速的发展，目前机器翻译领域的很多软件产品都是基于这一思想的。

　　这两种方法都有各自的优势和劣势，而且总体而言都没有获得突破性的成功，迄今
为止机器翻译的质量还是不能令人满意，高水平的机器翻译系统目前还比较少见。但是，
从应用的角度而言，语料库的方法更具有优势，目前已经广泛应用到信息检索、文本分
类、文本过滤、信息抽取等应用方向。由于中国少数民族语言本身的复杂性，少数民族
语言政务大数据的机器翻译按照基于规则的方法进行难度很大，目前比较科学、可行的
方法就是基于统计的语料库方法。基于统计的少数民族语言政务大数据的机器翻译就是
要建立使用人口较多的几种少数民族语言和国家通用语言之间的双语对齐语料库，利用
语料库规律辅助进行少数民族语言向国家通用语言、国家通用语言向少数民族语言的机
器辅助翻译。

　　机器翻译对特定领域的词汇较为依赖，为了提高少数民族语言政务大数据机器翻译的
质量，少数民族语言政务大数据共享体系中应该建设各少数民族语言与国家通用语言之间
的双语对齐语料库。需要建立的双语对齐语料库主要有：“蒙古语/汉语”双语对齐语料库、
“汉语/蒙古语”双语对齐语料库、“藏语/汉语”双语对齐语料库、“汉语/藏语”双语对
语料库、“维吾尔语/汉语”双语对齐语料库、“汉语/维吾尔语”双语对齐语料库、“柯尔克
孜语/汉语”双语对齐语料库、“汉语/柯尔克孜语”双语对齐语料库、“哈萨克语/汉语”双
语对齐语料库、“汉语/哈萨克语”双语对齐语料库、“壮语/汉语”双语对齐语料库、“汉语/
壮语”双语对齐语料库、“朝鲜语/汉语”双语对齐语料库、“汉语/朝鲜语”双语对齐语料库、
“彝语/汉语”双语对齐语料库、“汉语/彝语”双语对齐语料库、“傣语/汉语”双语对齐语
料库、“汉语/傣语”双语对齐语料库等。基于上述语料库，就可以进行少数民族语言与国

家通用语言之间的翻译，其基本原理是根据待翻译的语言片段和大规模语料库中实例之间的相似性进行判断，给出与最相似的实例对应的翻译结果。此外，基于大规模双语对齐语料库，使用人口较多的几种少数民族语言之间也可以进行双向翻译，其基本原理是计算语言学的"中间语言法"。所谓"中间语言法"，是指从源语言到目标语言的翻译分为两个独立的阶段进行：第一阶段由源语言转换为中间语言，第二阶段由中间语言转换为目标语言。上述两个阶段独立进行，第一阶段不用考虑目标语言，第二阶段不用考虑源语言。例如，要将藏语翻译为蒙古语，第一阶段可以使用"藏语/汉语"双语对齐语料库将藏语翻译为汉语，第二阶段使用"汉语/蒙古语"双语对齐语料库将由藏语翻译而来的汉语再次翻译成为蒙古语，实现了两者的互译。将蒙古语翻译成汉语的过程与之类似。

5.2　数据处理层

传统数据库以及联机事务处理(Online Transaction Process，OLTP)在日常的管理事务处理中获得了巨大的成功，但是对管理人员的决策分析要求却无法满足。因为，管理人员常常希望能够通过对组织中的大量数据进行分析，了解业务的发展趋势，而传统数据库只保留了当前的业务处理信息，缺乏决策分析所需的大量的历史信息。为满足管理人员的决策分析需要，就需要在数据库的基础上产生适应决策分析的数据环境，即联机分析处理(Online Analyze Process，OLAP)。中国民族事务大数据平台就是为了应对上述需求而开发的，按照大数据平台的体系框架模型，民族事务大数据处理系统主要包括数据汇集与装载子系统、数据组织与整序子系统、数据分析与挖掘子系统、数据展现与交互子系统、数据决策与应用子系统共五个层面，本节对上述五个子系统的功能做简要介绍。

5.2.1　数据汇集与装载子系统

在民族事务管理过程中，高层管理者总是希望能随时随地访问到任何他们需要的信息，这就要求有一个体系结构来容纳各种格式的内部数据和外部数据，例如管理数据、历史数据、现行数据以及来自网络服务提供商的数据，此外还应包括易于访问的元数据。这些数据源因为来源不同，具有大量、分散和不清洁的特点，不能为大数据平台直接使用，而对所有数据的分析、挖掘活动也必须建立在一个数据清洁、结构良好的大数据平台基础之上。

这些必须由 ETL 来实现，它是大数据平台获得高质量数据的必要环节。数据的汇集与装载子系统是将数据源产生的基础数据经过加工处理后装入大数据平台的功能模块。基础数据的汇集与装载通常被称为 ETL(Extract，Transform，Loading)，就是进行数据的抽取、转换和加载。具体来讲，ETL 过程包括：数据提取(Data Extract)、数据验证(Data Verification)、数据清洗(Data Cleaning)、数据集成(Data Integration)、数据聚集(Data Aggregation)和数据加载(Data Loading)共六个阶段，各个阶段的关系如图 5-2 所示。

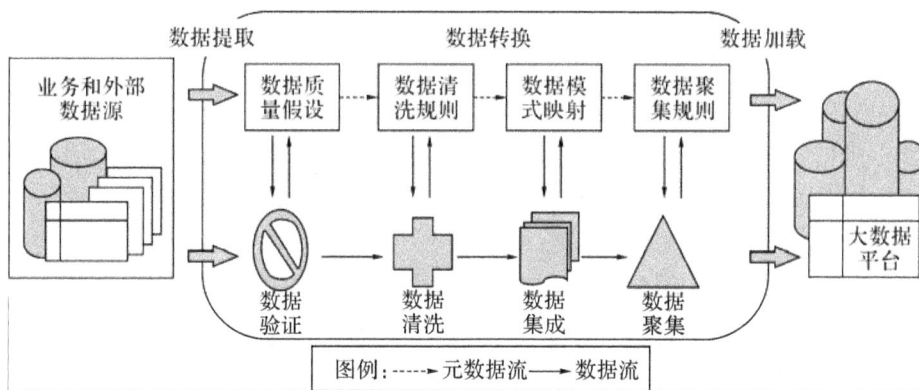

图 5-2　ETL 流程

图 5-2 展示了大数据平台数据提取、转换和装载的完整流程，其中数据的转换被细分为数据验证、数据清洗、数据集成和数据聚集四个阶段。ETL 整个流程当中的阶段的主要任务和功能如下：

(1) 数据提取。从大数据的角度来看，并不是业务数据库中的所有数据都是决策支持所必需的。通常，大数据平台按照分析的主题来组织数据，我们只需提取出系统分析必需的那一部分数据。例如，某机构确定以分析少数民族人口的消费行为为主题建立数据仓库，则我们只需将与消费行为相关的数据提取出来，其他无关数据则可以不提取。现有的大数据平台产品几乎都提供各种关系型数据接口，提供提取引擎，从关系型数据中提取数据。数据提取是捕获来源数据的过程，主要有两种捕获数据的方法：完全刷新和增量更新。完全刷新，顾名思义，是对移入数据仓库的数据进行完全复制。该复制可能替换数据仓库中的内容，及时在新的时间点添加完整的新副本，或者与目标数据进行比较，以便在目标中生成修改记录。增量更新的关注重点是只捕获来源数据中修改的数据。数据的提取需要既满足决策的需要，又不影响业务系统的性能，所以进行数据提取时应制定相应的策略，包括提取方式、提取时机、提取周期等内容。在制定提取策略时，需要对数据的种类、特征以及内容等各项因素综合考虑。通常情况下，流水型增长且数据量大的数据适合采用增量更新的方式；经常变化更新的数据适合采用完全刷新的方式；对于两者综合的数据，优先考虑增量更新方式，其次可考虑完全刷新方式。对于提取周期，要考虑实际业务的需要和提取进行的系统代价，在可能的情况下，尽可能缩短提取周期。

(2) 数据验证。在大数据平台建设的业务数据分析阶段，一般会产生数据质量假设，这些假设将指定数据来源系统和大数据平台建设者双方在数据质量问题上的职责。大数据平台建设者通常通过数据清理和增强等方法保证数据的质量，而来源系统则可以从数据源本身出发，有效地解决数据质量问题，这常常是保证数据质量的关键问题。例如：丢失的数据恢复，模糊的数据转换，业务操作应用程序带来的数据质量问题只能从应用程序本身解决的数据质量问题。一般应该在大数据平台建设的合同文档中包含数据质量假设，如果没有用正确的方法及时解决业务数据的质量问题，它可能严重影响大数据平台建设的时间表。数据质量假设可能是与客户进行时间表协商的一个重要条件。在那些数据对后面的 EIL 过程产生负面影响之前，实现数据验证，用 ETL 的数据验证模块来拒绝它们就显得十分重要。数据验证包含许多检查，其中主要包括：属性的有效值(域检查)，属性在剩余行的环境中是有效的，属性在该表或其他表中相关的环境中是有效的。

(3) 数据清洗。由于业务系统会使用不同的数据库厂商的产品，比如 IBM DB2、Oracle、Informix、Sybase、NCR Teradata、SQL Server 等，而各种数据库产品提供的数据类型可能不同，因此，需要将不同格式的数据转换成统一的数据格式，如时间格式"年 / 月 / 日"、"月 / 日 / 年"、"日—月—年"的不一致问题等。此外，还需要根据大数据平台的数据结构对基础数据字段进行转换和调整。

再如，由于机构常常为不同的应用对象建立不同的业务数据库，比如某民族自治地方电子政务系统拥有人口数据库、教育数据库、社保数据库、医疗数据库等业务系统，这些业务系统中可能包含重复的信息，比如社保数据库中的部分公民基本信息在医疗数据库中也存在，由于不同的数据库可能使用不同数据库公司的产品，不同的业务系统可能由不同的软件开发商提供，这使得各个业务数据库中的数据可能存在不一致现象。由于数据被冗余地存放在不同的数据库中，如果不同数据库间的数据刷新不是实时的，则可能出现数据不同步的情况。对于决策支持系统来说，最重要的是决策的准确性，因此确保数据仓库中数据的准确性是极其重要的。从多个业务系统中获取数据时，必须对数据进行必要的清洗，从而确保得到准确的数据。所谓"清洗"就是将错误的、不一致的数据在进入大数据平台之前予以更正或删除，以免影响决策支持系统决策的正确性。ETL 工具的功能越来越强，具有支持数据的"净化提炼"功能、数据加工功能和自动运行功能(包括处理过程的监控、调度和外部批处理作业的启动等)，支持多种数据源，能自动实现数据抽取。所谓数据的"净化提炼"就是将从多个不同业务数据库所抽取的数据进行数据项名称、位数、编码和形式的统一，消除重复数据。

(4) 数据集成。数据集成是将多个数据源联合成一个统一数据接口来进行数据分析的过程。数据集成是仓库数据转换过程中最重要的步骤，也是大数据平台设计中的关键概念。数据集成可能极其复杂，在该模块中，可以应用数据集成业务规则以及数据转换逻辑和算法。集成过程的源数据可以来自两个或更多数据源，它通常也包含不同的连接操作。源数据还可能来自单个数据源，该类型的数据集成通常包含域值的合并和转换。集成结果通常生成新的数据实体属性，易于终端用户进行访问和理解。

(5) 数据聚集。数据聚集是收集并以总结形式表达信息的过程，它通常是大数据平台需求的一部分，并以业务报表的形式出现。在多维模型中，数据聚集路径是维度表设计中的重要部分，因为大数据平台几乎都是关系数据模型类型的，所以最好从数据集市构建业务报表。如果直接从大数据平台构建报表，则需确保数据聚集表与其余的仓库数据模式相对分隔，这样，报表的业务需求修改将不影响基本的大数据平台数据结构。

(6) 数据加载。数据加载部件负责将数据按照物理数据模型定义的表结构装入数据仓库，包括清空数据域、填充空格、有效性检查等步骤。将数据移至中心数据仓库中的目标表通常是 ETL 过程的最后步骤。装入数据的最佳方法取决于所执行操作的类型以及需要装入数据的多少，一般可以通过两种基本方法：第一，在数据库表中插入和修改数据，即 SQL Insert / Update / Delete(IUD)；第二，成批加载实用程序。大多数应用程序使用 SQL IUD 操作，因为它们进行了日志记录并且是可恢复的，但是，成批加载操作易于使用，并且在装入大量数据时速度极快。使用哪种数据装入方法取决于业务环境，应在设计文档中指定装载方法。

5.2.2　数据组织与整序子系统

国家民族事务大数据体系组织与整序子系统是将装载入大数据平台的数据资源进行进一步描述和处理，使其可以支持大规模、快速检索、分析和挖掘。民族事务大数据组织和整序涉及的常见技术主要有元数据、数据集市、NoSQL、Hadoop、Mapreduce 等。

(1) 元数据(Metadata)。简单地说，元数据就是"描述数据的数据"。只要有程序和数据，元数据就是信息处理环境的一部分。事实上，元数据贯穿于建立大数据平台的整个过程之中，是大数据平台构建过程中的重要部分，如图 5-3 所示。

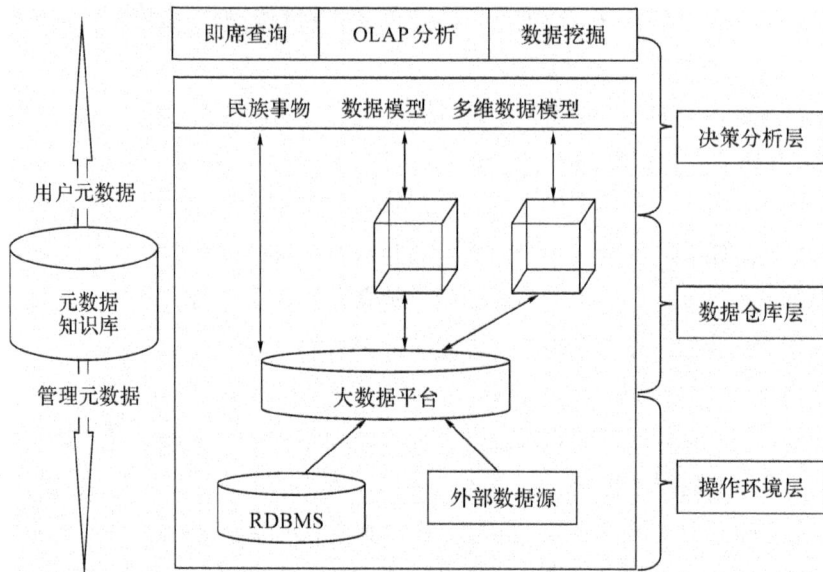

图 5-3   元数据在大数据平台中的作用

在大数据平台中，元数据扮演新的重要角色，也正因为有了元数据，用户才可以最有效地利用大数据平台。大数据平台最大的特点就是它的集成性，这一特点不仅体现在它所包含的数据上，还体现在实施大数据平台项目的过程中。一方面，从各个数据源中抽取的数据要按照一定的模式存入大数据平台中，这些数据源与大数据平台中数据的对应关系及转换规则都要存储在元数据知识库中。另一方面，在大数据平台项目实施过程中，直接建立大数据平台往往费时、费力，因此在实践中，人们可能会按照统一的数据模型，首先建设数据集市，然后在各个数据集市的基础上再建设大数据平台。如果在建立数据集市的过程中重视了元数据管理，在集成到大数据平台中时就会比较顺利；如果在建设数据集市的过程中忽视了元数据管理，那么最后的集成过程就会很困难，甚至不可能实现。

在任何方案中，元数据都是大数据平台的一个重要组成部分。由于在大数据平台环境中是通过元数据对外部数据进行注册、访问与控制的，因此元数据对存储、管理外部数据与非结构化数据起着重要的作用，如图 5-4 所示。

有关外部数据的元数据：
- 文件标识符
- 进入日期
- 文件描述
- 文件来源
- 文件的分类
- 索引字
- 清理日期
- 物理地址引用
- 文件长度
- 相关参考

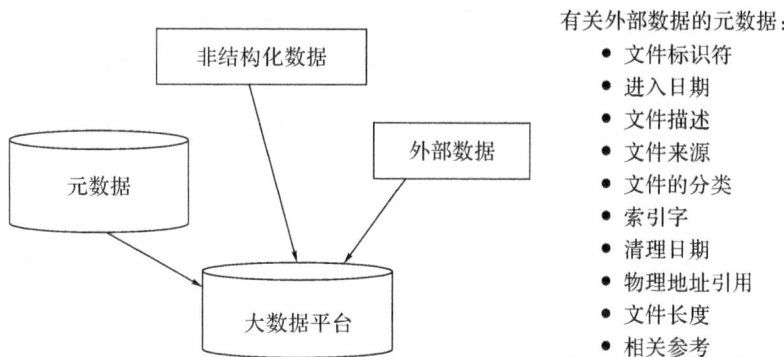

图 5-4　元数据与外部数据和非结构化数据管理

在大数据平台中，对于外部数据来说，元数据的典型内容就是对元数据重要性的最好解释。正是通过元数据，管理者可以判断许多有关外部数据的信息(如图 5-4 中右边元数据列表所示)。在许多情况下，管理者甚至不看源文件，只看元数据。在清除不相关的或过时的文件时，浏览元数据可为管理者减少大量的工作。就外部数据而言，适当地建立和维护外部元数据对于大数据平台的操作是完全必要的。大数据平台或数据集建立好以后，使用者在使用的时候，常常会对数据产生怀疑，这些怀疑往往是由于底层的数据对于用户来说是不"透明"的。而借助元数据管理系统，最终的使用者对各个数据的来龙去脉以及数据抽取和转换的规则都能很方便地得到，这样他们自然会对数据有信心。例如，元数据使得用户可以掌握数据的历史情况，如数据从哪里来，流通时间有多长，更新频率是多少，数据元素的含义是什么，对它已经进行了哪些计算、转换和筛选等。

(2) 数据集市(Data Market)。国家民族事务大数据平台中存放的是相关领域的所有数据资源，并且数据是按照不同主题来组织的。比如民族地区经济发展规律的分析主题主要由经济发展部门的人员使用，我们可以从逻辑上或者物理上将这部分数据分离出来，当该部门人员需要信息时，不需要到大数据平台的巨量数据中检索，而只需在相应的部门数据上进行分析，因此从效率和处理速度的角度出发，这种划分是合算的。我们把这种面向某个职能部门或者主题而在逻辑上或物理上划分出来的大数据平台中的数据子集称为数据集市。换句话说，数据集市包含了用于特殊目的大数据平台的部分数据。大数据平台面向整个领域，而数据集市则是面向领域中的某个部门。例如，政策法规部门、经济发展部门、文化宣传部门等。大数据平台中存放了领域的整体信息，而数据集市只存放了某个主题需要的信息，其目的是减少数据处理量，使信息的利用更快捷、灵活。通常，数据集市可以在低价格的部门服务器上实现。实现数据集市的周期一般是数以周计，而不是数以月计或数以年计。根据数据来源的不同，数据集市分为独立的和依赖的两类。在独立的数据集市中，数据来自一个或多个操作系统或外部信息提供者，或者来自一个特定的部门或地域局部产生的数据。依赖的数据集市中的数据直接来自大数据平台。

(3) No SQL。No SQL (Not Only SQL)，意即"不仅仅是 SQL"，泛指非关系型的数据库。随着互联网 web2.0 网站的兴起，传统的关系型数据库在应付 web2.0 网站，特别是超大规模和高并发的 SNS 类型的 web2.0 纯动态网站已经显得力不从心，暴露了很多难以克服的问题，而非关系型的数据库则由于其本身的特点得到了非常迅速的发展。NoSQL 数据库的产生就是为了解决大规模数据集合多重数据种类带来的挑战，尤其是大数据应用难题。关系型数据库中的表都是存储一些格式化的数据结构，每个元组字段的组成都一样，即使不是每个元组都需要所有的字段，但数据库会为每个元组分配所有的字段，这样的结构便于表与表之间进行连接等操作，但从另一个角度来说它也是关系型数据库性能瓶颈的核心因素。而非关系型数据库以键值对存储，它的结构不固定，每一个元组可以有不一样的字段，每个元组可以根据需要增加一些自己的键值对，这样就不会局限于固定的结构，可以减少时间和空间的开销。No SQL 的优点在于数据模型灵活、易于扩展、大数据量、高性能，因此特别适合大数据环境下的海量数据分析与处理。但是，这种技术目前支持产品较少，技术成熟度还有待进一步检验。

(4) Hadoop 和 MapReduce。Hadoop 是一个由 Apache 基金会所开发的分布式系统基础架构。用户可以在不了解分布式底层细节的情况下，开发分布式程序，充分利用集群的威力进行高速运算和存储。Hadoop 实现了一个分布式文件系统(Hadoop Distributed File System，HDFS)。HDFS 有高容错性的特点，并且设计用于部署在低廉的(low-cost)硬件上，而且它提供高吞吐量(high throughput)来访问应用程序的数据，适合那些有着超大数据集(large data set)的应用程序。HDFS 放宽了(relax)POSIX 的要求，可以以流的形式访问(streaming access)文件系统中的数据。Hadoop 框架最核心的设计就是 HDFS 和 MapReduce。

HDFS 为海量的数据提供了存储，MapReduce 则为海量的数据提供了计算。Hadoop 得以在大数据处理应用中广泛应用得益于其自身在数据提取、变形和加载方面上的天然优势。Hadoop 的分布式架构，将大数据处理引擎尽可能地靠近存储，对于像 ETL 这样的批处理操作相对合适，因为类似这样操作的批处理结果可以直接走向存储。Hadoop 的 MapReduce 功能实现了将单个任务打碎，并将碎片任务(Map)发送到多个节点上，之后再以单个数据集的形式加载(Reduce)到数据仓库里。MapReduce 是用于并行处理大数据集的软件框架，它的根源是函数性编程中的 map 和 reduce 函数，它由两个可能包含许多实例(许多 Map 和

Reduce)的操作组成。Map 函数接受一组数据并将其转换为一个键/值对列表，输入域中的每个元素对应一个键/值对；Reduce 函数接受 Map 函数生成的列表，然后根据它们的键(为每个键生成一个键/值对)缩小键/值对列表。

Hadoop 设计之初的目标就定位于高可靠性、高可拓展性、高容错性和高效性，正是这些设计上与生俱来的优点，才使得 Hadoop 一出现就受到众多大公司的青睐，同时也引起了研究界的普遍关注。到目前为止，Hadoop 技术在互联网领域已经得到了广泛的运用。国内的高校和科研院所基于 Hadoop 在数据存储、资源管理、作业调度、性能优化、系统高可用性和安全性方面进行研究，相关研究成果多以开源形式贡献给 Hadoop 社区。

5.2.3　数据分析与挖掘子系统

大数据平台是管理决策分析的基础，要有效地利用大数据平台的信息资源，必须要有强大的工具对大数据平台的信息进行决策分析。Online Analytical Process(在线分析处理或联机分析处理，OLAP)就是一个应用广泛的大数据平台使用技术，它可以根据分析人员的要求，迅速灵活地对大量的数据进行复杂的查询处理，并以直观的、容易理解的形式将查询结果提供给各种决策人员，使他们能够迅速准确地掌握管理对象的发展现状，并对趋势做出高精度预测。

大数据不单是数据量大的事情，最重要的是如何利用好大体量数据，也就是要对大数据进行分析，只有通过分析这些数据才能获取更多智能的、深入的、有价值的信息。OLAP是使分析人员、管理人员或执行人能够从多角度对信息进行快速、一致、交互地查询，从而获得对数据的更深入了解的一类软件技术。OLAP 的目标是满足决策支持或者多维环境下特定的查询和报表需求，它的技术核心是"维"这个概念。维(Dimension)是人们观察数据的特定角度。例如，在考虑人口发展情况时，通常从时间、地区、人口素质等不同角度来深入分析人口数据。这里的时间、地区和人口素质就是维，而这些维的不同组合和所考察的度量指标构成的多维数组则是 OLAP 分析的基础。OLAP 的基本操作是指通过对多维形式组织起来的数据进行切片、切块、聚合、钻取、旋转等分析动作，以求剖析数据，使用户能够从多种维度、多个侧面、多种数据综合度查看数据，从而深入地了解包含在数据中的信息、内涵。

民族事务大数据的属性，包括数量、速度、多样性、复杂性等都呈现着不断增长的复杂性，所以大数据的分析方法就显得尤为重要，可以说是决定最终信息是否有价值的决定性因素。数据分析是指采用准确、适宜的分析方法和工具来分析处理数据，提取有价值的信息，从而形成有效的结构，并通过可视化技术展示出现的过程。数据分析的方法大致可以分为三种：基本分析方法，主要以基础的统计分析为主；高级分析方法，以计量经济建模理论为主；数据挖掘类，以数据仓库、机器学习等复合技术为主。

数据分析基本方法主要包括对比分析、趋势分析、差异显著性检验、分组分析、结构分析、因素分析、交叉分析、综合评价分析、漏斗图分析等。对比分析也称为比较分析，该方法通过对客观事物进行对比，从而认识事物的本质、挖掘事物的规律，并且给出准确的评价，对比分析的对象一般是相互联系的两个指标数据，主要展示和说明研究对象水平的高低、速度的快慢、规模的大小以及各关系之间是否协调等。趋势分析是将实际达到的结果，通过比较同类指标不同时期的数据，进而明确该指标的变化趋势和变化规律的分析方法，主要用在财务分析方面，具体分析方法包括定比和环比两种方法。差异显著性检验是指事先对总体的参数或者总体分布形式做一个假设，然后利用样本信息判断该假设是否合理，即判断总体的假设与真实情况之间是否存在显著性差异。分组分析是通过对统计分组的计算和分析，来认识所要分析对象的不同特征、不同性质及相互关系的方法。结构分析是建立在对比分析的基础上，扩大对比范围，然后运用结构进行逐一比较，通过结构指标来解释资源结构的分布等问题。因素分析是根据分析指标及其影响因素的关系，从而确定不同因素对于分析指标的影响程度以及影响方向的一种方法。交叉分析是将有一定联系的两个变量以及取值交叉排列在一张表内，使各变量值成为不同变量的交叉点，形成交叉表，进而分析交叉表中变量之间的关系。它是一种从交叉、立体的角度出发，由浅入深，由低级到高级的一种分析方法。综合评价分析是运用多个指标对参评对象进行评价的方法，也称为多变数综合评价，其基本思想是将多个指标转换为一个能综合情况的指标进行评价。漏斗图分析是一个适用于业务流程比较规范、周期比较长、各环节流程比较复杂、业务比较多的分析方法，在业务流程中使用漏斗图可以很快发现业务流程中哪些环节存在问题，并且用一种直观的方式说明问题所在。

数据分析的高级分析方法主要包括时间序列分析、相关分析、回归分析、判别分析、主成分析、因子分析、对应分析、多维度分析等。时间序列分析是一种对动态数据进行处理的分析方法，指一个依时间序列组成的观察数据集合，它包括一般统计分析，建立推断统计模型，以及有关时间序列的最优预测和控制等。相关分析是一种研究变量之间相关性的统计方法，包括变量之间是否存在依存关系，如果有是怎么样的关系，以及这种依存关系的方向和相关程度等。回归分析是在掌握大量观察数据的基础上，利用数理统计分析建立因变量和自变量之间的回归关系函数表达式，即回归方程式。判别分析也称为"分辨法"，是类别明确的一种分类技术，其分类方式是实现确定，依据变量值判断研究对象归属问题的一种多变量统计分析方法。主成分析是一种多元统计分析方法，该方法把多个变量进行线性变换，从而得到不相关的综合变量，再根据给定的规则从中选择少数几个能够较好反映出原始变量信息的综合变量。对应分析又称为管理分析，是近年来新发展起来的一种多元统计分析技术，它对由定性变量构成的交互汇总表进行分析，以此来揭示变量之间的联系。多维度分析(Multi-dimension Scaling，MDS)是一种将多维度空间的研究对象简化到低维度空间进行定位、分析和归类，同时又保留对象之间原始关系的数据分析方法。

数据库中的知识发现(Knowledge Discovery in Database，KDD)是一个从数据库中挖掘有效的、新颖的、潜在有用的和最终可理解的模式的复杂过程。数据挖掘(Data Mining，DM)是KDD过程中对数据真正应用算法抽取知识的那一步骤，是KDD过程中的重要环节。KDD涉及数据库、机器学习、统计学、高性能计算、模式识别、数据可视化等众多学科技术，它应用了这些领域中的许多理论与方法，然而它所涉及的范围又远超越这些领域，从而推动了这些领域的发展，形成了一个独立的研究方向。随着KDD在科学研究以及实际生活、生产中的应用，KDD已经获得并将继续获得越来越多的关注与研究，并得到越来越多的应用与推广。

数据中蕴含着知识，人们可以通过分析数据获取知识。然而，数据收集技术的进步使得数据量急剧膨胀以致超出了人所能及的范围，而知识应用领域的扩展使人们对所获知识的需求越来越高，于是需要一种自动分析海量数据、获取有用知识的技术。发现的知识类型可以分为两大类，一类是分析数据源中的数据后得到的反映数据特性的描述性知识，例如关联规则等，这类知识可以让人们了解已经发生了什么；另一类是分析数据源中的数据后得到的用于进行预测的预测性知识，例如分类规则等，这类知识可以帮助人们预测未来将发生什么。这两类知识都可以帮助人们分析发生的原因，并指导人们的决策。描述性挖掘是指描述性知识的数据挖掘，主要包括特征与比较描述、关联分析、聚类分析、异常检测等。预测性挖掘是指预测性知识的数据挖掘，主要包括数据分类、数值预测等。

数据挖掘不同于传统数据分析及联机分析处理。传统数据分析是采用基于验证的方法，通过分析少量数据，了解已经发生了什么。联机分析处理是从不同角度、不同层次汇总、合并、聚集大量数据，以便多维多粒度观察、分析数据。而数据挖掘是采用基于发现的方法，通过分析大量数据，了解已经发生了什么，分析发生的原因并预测未来将发生什么。数据挖掘采用的挖掘技术根据数据分析方法，可以分为最近相邻方法、案例推理方法、规则方法、决策树方法、遗传算法、信念网络、统计方法、神经网络等。同一挖掘技术可以应用于不同的挖掘任务，例如，神经网络可以应用于数据分类、聚类分析。而同一挖掘任务，可以用不同的挖掘技术，例如，在数据分类中，可以采用决策树方法、神经网络等。这些方法没有绝对的优劣区分，应该根据实际情况采用相应的挖掘技术。

5.2.4 数据展现与交互子系统

数据展现又称为"数据可视化(ViSC)"，其全称是"科学计算可视化(Visualization in Scientific Computing)"。数据可视化是对大型数据仓库或者数据库进行探索，从而用较为直观的图像或者图形来表示数据所产生的信息。使用数据可视化技术，使用户不仅能通过关系型数据库来观察和分析数据，更可以通过直观的方式看到数据及其结构关系。数据可视化技术的基本思想，是将数据库中每一个数据项作为单个图元元素，大量的数据集构成数据图像，同时将数据的各个属性值以多维数据的形式表示，可以从不同的维度观察数据，从而对数据进行更深入的观察和分析。

数据可视化的处理对象是数据，它包含两个分支：处理科学数据的科学可视化与处理抽象的、非结构化信息的信息可视化。作为数据内涵信息的展示方法和人机交互接口，数据可视化已经成为数据科学的核心要素之一。数据可视化的基本显示技术主要有折线图、柱形图、散点图、条形图、面积图、圆环图、股价图、曲面图等。随着科技的发展，针对数据可视化又出现了很多新技术，根据这些技术可视化原理的不同，可以把这些技术划分为基于几何的技术、基于图标的技术、面向像素的技术、基于层次的技术、基于图像的技术和分布式技术等类型。基于图像的技术(Pixel-oriented Techniques)作为海量高维数据可视化技术，其基本思想是每一个数据项的属性值映射为一个带颜色的屏幕图像，对于不同的数据属性分布以不同的窗口表示。基于几何(Geometric Techniques)的技术主要包括：散点矩阵、投影-截图组合视图技术、地形图、多维切片和平行坐标，它通过几何画法或几何投影技术来展现数据库中的数据，通过线或者折线来表示数据各变量的联系。基于图标(Icon-based Techniques)的技术又称为图标显示技术，它的基本思想是定制一些称为图标的几何对象，然后将每一个多维数据项映射成为一个对应的图标，并按照一定的顺序排列这些图标。枝形图(Stick Figure)是典型的基于图标的技术，其基本思想是用一棵树的树枝表示多个变量，每个树枝表示一个变量。基于层次(Hierarchical Techniques)的技术主要针对数据库系统中数据层次结构的数据信息，它的基本思想是将数据空间划分为若干子空间，这些子空间仍以层次结构的方式组织并通过图形方式表示出来。

数据可视化技术是利用计算机的巨大处理能力，以及计算机图像和图形学中的基本算法把海量数据转换为静态或者动态的图像或图形，呈现在人们面前。人们通过人机交互手段控制数据的提取和画面的显示，挖掘出蕴藏在数据背后不可见的现象，为人们分析数据、理解数据、形成概念、找出规律提供强有力的手段。数据可视化技术主要有三个特点：交互性，是指用户可以方便地以交互的方式管理和开发数据；多维性，是指可以看到表示对象或时间的数据多个属性或变量，而数据可以按照其每一个维度的值进行分类、排序、组合与显示；可视性，是指利用图像、曲线、二维图形、三维体和动画来显示数据，并对其模式和相互关系进行可视化分析。

面对大规模数据，很多时候不能通过直观观察数据本身或者对数据进行简单统计分析就能得到数据中蕴含的信息。例如，无法直接通过查看海量服务器日志来判断海量数据，但是可以通过可视化技术使其变成形象生动的图形，这有助于对数据中的属性、关系进行深入的研究。数据可视化不仅可以作用于数据科学过程中的不同部分，也可以作为一种人机交互手段，贯穿于整个数据处理的过程。数据可视化主要是借助于图形化手段，清晰有效地传达与沟通信息，但是，这并不意味着，数据可视化就一定因为要实现其功能用途而令人感到枯燥乏味，或者是为了看上去绚丽多彩而显得极端复杂。为了有效地传达思想概念，美学形式与功能需要齐头并进，通过直观地传达关键的方面与特征，从而实现对于相当稀疏而又复杂的数据集的深入洞察。然而，设计人员往往并不能很好地把握设计与功能之间的平衡，从而制造出华而不实的数据可视化形式，无法达到传达与沟通信息的目的。

5.2.5　数据决策与应用子系统

民族事务大数据体系的核心价值在于支持政府日常决策和为公共政策的制定过程提供全方位支持。决策支持系统(Decision Support System，DSS)是 20 世纪 70 年代，由美国麻省理工学院的高瑞(Gorry)和莫顿(Morton) 提出的一种使用计算机帮助决策者进行决策的工具。他们认为决策支持系统是支持决策者对半结构化问题或者非结构化问题进行决策的计算机信息系统。这里的"结构化"是指决策涉及信息和规则的清晰完整程度，如果决策所需要的信息和规则都是清晰的，可以凭借这些信息和规则推导出完全确定的结果，这种决策就是"结构化"的。结构化决策是一种常规性的决策，它解决的是组织中经常重复出现的常规管理问题和例行事项。非结构化问题则是一种没有先例和规律可循，决策所需要的信息和规则又是模糊的，无法基于这些信息和规则进行结果推导的这类问题。因此，非结构化决策所要解决的是这类对组织而言是新颖的、对组织有重大影响的，但是其性质和结构不清晰的决策。半结构化问题是介于"结构化"和"非结构化"中间的状态，可以收集到一部分信息，但是这些信息又不够完整和清晰，需要凭借人的经验和洞察力进行判断。决策支持系统就是通过对相关数据进行多维度分析，以提高人的洞察力和判断力的工具。决策支持系统的体系结构如图 5-5 所示。

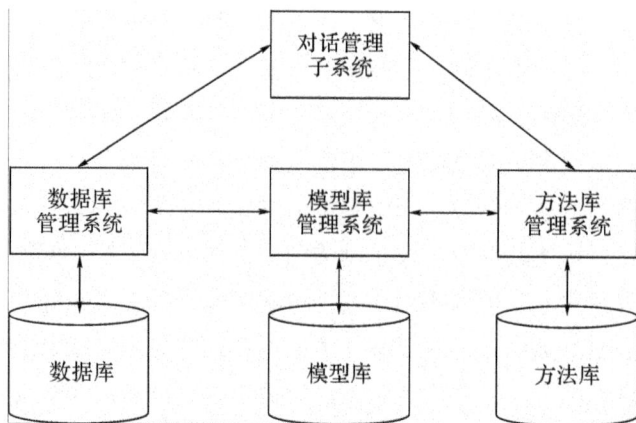

图 5-5 决策支持系统的体系结构

DSS 最基本的结构是三角结构，即是由数据库、模型库等子系统、对话子系统成三角形分布结构。数据库管理系统(DBMS)负责管理和维护 DSS 使用的各类数据，将业务系统和信息管理系统所产生的各类数据按照内容进行分类，保存在数据仓库或者 DSS 数据库中。模型是对现实问题的抽象结果，模型库是构建和管理模型的计算机软件系统，它是 DSS 中最复杂与最难实现的部分。DSS 用户是依靠模型库中的模型进行决策的，因此 DSS 是由"模型驱动的"。方法库及其管理系统是存储和管理各种数值方法和非数值方法，比如统计方法、预测方法、优化方法等。对话子系统是用户和计算机之间的人机交互接口，通过会话形式输入有关信息，通过推理和运算发挥决策者的智慧和创造力，辅助决策者做出正确的决策。

国家民族事务大数据体系中，大数据平台只是部分解决了基础数据的全面性问题，要实现基于大数据的民族事务决策，关键在于构建大量与民族事务相关的决策模型。模型是为决策者在决策活动中提供的一套分析、判断、处理信息及其模拟决策活动的基本工具，借助于模型与决策者的思维判断与综合，能够控制决策活动的进行，调整主观判断的趋向性，加深对事物变化规律的理解，从而做出合理的决策，根据不同决策者的风格和所需解决决策问题类型的多样性和易变性，为决策者提供的辅助支持手段。模型具有多种形式，使决策者能根据不同的输入及反馈信息，从不同角度和不同方面分析并处理问题。可见，要完成支持多种类型的决策活动，需要建立一个比较灵活和完善的模型库。在 DSS 中，模型部件是提供给决策者通过推理、比较、选择来分析解答整个问题的能力。实际上，正是将模型引入信息系统才使得 MIS 向前进一步发展成为决策支持系统。因此不难看出，在 DSS 中模型部件的地位是十分重要的。模型库实质上是一个在操作系统的管理下，保存某些程序段的文件，这些程序段就是能够解决一些固定的数据处理问题的模型单元。模型库由永久性模型、专用模型、用户自建的和"定型"的模型、用于操作的模型、用户战术的和战略决策支持的模型，以及支持多种任务和分析方法的模型构成。这些模型的规模从很小到很大，可用较小的模型作为模型"积木"去构成其他模型。如同数据库是资源一样，内容广泛地用于决策支持的合成模型成为主要的公共资源，模型库也要在类似于 DBMS 的模型库管理系统(MBMS)的控制下进行存储、处理和运行。

　　决策支持系统在政府部门的应用主要体现在宏观经济管理、区域资源调配和风险危机预警等领域。例如我国政府从 20 世纪 80 年代就开始建设的国家经济信息系统(SEIS)主要用于评估和分析全国不同地区经济、社会和生态指标，模拟预测发展趋势并分析政策所产生的影响；国家水资源调配和防汛抗洪决策支持系统对水资源管理中的一些决策问题进行辅助分析；生态和环境控制决策支持系统帮助用户指定生态结构保护政策；金融系统投资决策与风险分析系统主要用于分析和防范金融风险等。民族事务大数据体系在我国民族问题决策和民族政策制定方面可以发挥重要的作用。在政策制定阶段，数据分析是决定政府质量高低的关键性要素，通过对历史数据的有效分析，可以吸取教训、总结经验，为新计划的制订提供宝贵的经验借鉴。对当前及未来影响政府活动的可能因素进行量化分析，辅之以同期其他国家和地区同类活动的比较，可以为政策制定提供更加直接、更加重要的参考。在政策实施阶段，大数据分析技术可以有效监控政策实施的情况，首先可以通过数据分析和监控，即掌握政策是否按计划如期实施，了解影响政策顺利实施的因素有哪些。此外，对政策实施过程中的一些问题或者失误，数据分析技术可以快速、准确地反映给决策者，从而能在第一时间提出补救或修正措施。在政策评估阶段，数据分析同样有着不可忽视的作用，如政策的实施是否发挥预期作用，实施后又产生了哪些其他方面的后果等，这些问题可以通过对数据的科学分析来解答，同时对未来政策制定也有着极其重要的借鉴意义。

5.3　数据服务层

大数据是继云计算、物联网之后 IT 产业的又一次颠覆性技术变革。"大数据"时代的来临，对政府决策与管理来说机遇与挑战并存。如何应对大数据，运用大数据，并主动顺应大数据时代来改进政府管理，是现阶段政府部门面临的重大课题。民族事务大数据体系的数据服务层是基于数据处理层的结果，为政府提供民族事务决策支持以及民族事务数据开放共享的交互式平台，其思想是尽可能使用简洁、有效的方式与用户进行交互，在解决决策问题的同时使用户有较好的使用体验。

5.3.1　民族事务大数据服务的用户接口

用户接口(User Interface)是提供用户与计算机进行通信和交互的硬件和软件，是人机交互(Human Computer Interaction)领域的子领域。人机交互研究人、计算机技术及其交互方式，接口包括响应以及图形的、听觉的、触觉的和其他通信方式。用户接口包括输入设备，如麦克风和键盘；显示(输出)设备，如显示器、打印机和喇叭等。

从用户的角度来说，接口的质量取决于用户所看到的或感觉到的内容，即用户必须清晰地理解所感觉到的东西，并且知道为获得结果所能够或必须采取的行动或操作。由于技术、心理、物理和其他因素的影响，提供有效的接口是一项复杂的任务，因此，构造用户接口时应注意选择输入和输出装置、屏幕设计、人机接口的顺序、颜色和阴影的使用、信息密度、使用图标和符号、信息显示格式等问题。最常见的人机交互模式主要有菜单交互、命令语言交互、问答式交互、表格交互、自然语言交互、图形接口用户交互以及上述方式的混合交互等。

在决策支持系统中使用超文本、多媒体、超媒体等交互方式，可以使用户接口更加丰富。社会公益部门广泛地使用 GIS 以便能做出更好的决策，例如急救车辆调度、运输管理、选址以及野生动物管理等。GIS 的成功高度依赖于高质量的信息，其智能信息可为许多机构提供决策支持和方案策略设计，GIS 流行的应用有地域分析、选址、飞机管理、道路规划和防灾计划等。此外，随着自然语言处理(Nature Language Process)技术的成熟，部分决策支持系统中可以有限地使用部分自然语言与计算机进行交互。

总之，对于大多数用户来说，希望能非常容易地使用计算机系统，用户接口代表系统，而且必须是友好的。图形对于表示大量数据比较重要,而且图形用户接口允许用户以选择和点击的方式使用系统。GIS 因其面向地理信息的简洁表达和处理方式,正产生很大的影响。虚拟现实、3D 图形和多媒体,具有增强 DSS 的作用。自然语言处理和语音识别可以为用户使用系统提供各种方便灵活的方式。

5.3.2　民族事务大数据开放共享平台

中国民族事务大数据体系是由国家民族事务委员会主要推动,涉及各民族自治地方和相关省市的规模庞大的系统工程。从物品属性角度而言,纳入国家民族事务大数据平台的数据资源具有公共属性,因而在建设过程中多个机构共同参与,在建成以后,除了满足国家民族事务委员会的决策支持需求之外,应该尽可能提高数据资源利用率,在符合法律且保障信息安全的前提下,将平台汇集和保存的各类数据资源向社会开放和共享。首先,平台应该为各民族自治地方参与大数据体系建设并从大数据平台获取数据提供支持,允许其将电子政务系统中产生和保存的数据通过用户接口导入到大数据平台,同时可以从大数据平台中获取其关心的所有类型和来源的数据,真正实现“共建、共享、共赢”。其次,民族事务大数据平台应该制定向社会公开数据的相关规范,允许符合条件的国内企事业单位或公民,按照流程申请对大数据平台的数据进行访问和分析。为了确保安全,可以对访问行为的范围和权限做出相应的限定。

5.3.3　民族事务大数据多语言服务平台

多民族语言信息共享支持体系主要通过跨语言交流支持策略和手段,降低语言文字差异性对信息交流构成的障碍,使用户获得更好的信息服务体验。基于多民族语言信息共享支持体系,民族事务大数据平台就可以面向只掌握了少数民族语言文字的少数民族公民提供国家通用语义文字信息服务,也可以面向只掌握国家通用语言文字的公民提供少数民族语言文字信息服务。例如,汉族用户需要检索和访问不熟悉语种的少数民族语言信息资源,从多民族语言信息共享支持体系中可能得到的支持途径主要有:参加该少数民族语言文字的培训课程;参加少数民族语言文字信息处理技术培训课程;通过跨语言信息检索系统获得多语言信息资源的相关信息;浏览该信息资源的国家通用语言文字版本元数据以了解其概要内容;访问与该信息资源同时保存的国家通用语言文字版本;通过查询多民族语言信息共享支持体系提供的跨语言文献索引进行信息查找;通过查询多民族语言信息共享支持体系提供的双语词典自助阅读;通过专职人工翻译人员进行翻译讲解;通过跨语言检索系统进行信息查询;将信息需求提交给计算机辅助跨语言阅读系统,根据系统自动生成的阅读建议进行取舍;把少数民族语言信息资源的电子版本提交给机器翻译系统进行全文翻译;通过自助查询系统帮助理解不熟悉的术语;向专职咨询人员咨询不理解的术语;通过双语环境提示信息获得相关帮助。反之,如果少数民族用户需要访问国家通用语言文字信息资源,同样可以获得上述支持,所不同的是阅读和咨询使用本民族的语言文字,通过参加国家通用语言文字培训、阅读国家通用语言文字信息资源的少数民族语言版本著录信息和全文信息,求助于专职翻译人员和咨询人员,将信息资源提交到计算机辅助阅读系统或者机器翻译系统等。总而言之,"多民族语言信息无障碍交流环境"就是要在用户跨语言信息访问过程中的各个环节提供相应的支持服务,帮助用户克服语言障碍,进行信息资源跨语言检索、访问和阅读。由于我国语言文字的丰富性,针对任意两种语言文字的跨语言交流进行直接支持则意味着极度庞大的服务支持体系和极端高昂的成本。如果用户希望访问另外一个少数民族的语言文字信息资源,则可以通过国家通用语言文字作为"中间语言",实现两种语言文字之间的转换。在人工中介方式中,可以通过主要翻译第一种少数民族语言的翻译人员将其翻译为国家通用语言文字版本,再由主要翻译第二种少数民族语言的翻译人员将其转换成为目标语言信息资源。在机器翻译支持方式中,从源语言到目标语言的翻译分为两个独立的阶段进行:第一阶段由源语言转换为中间语言,第二阶段由中间语言转换为目标语言。上述两个阶段独立进行,第一阶段不用考虑目标语言,第二阶段不用考虑源语言。例如,要将藏语翻译为蒙古语,第一阶段可以使用"藏语/汉语双语对齐语料库"将藏语翻译为汉语,第二阶段使用"汉语/蒙古语双语对齐语料库"将由藏语翻译而来的汉语再次翻译成为蒙古语,实现了两者的互译。

本 章 小 结

民族事务大数据平台是国家民族事务大数据体系的核心模块,是真正实现海量基础数据资源汇集与分析的技术平台。按照国家民族事务大数据体系的体系框架模型,大数据平台分为基础设施层、数据处理层和数据服务层三个部分。

民族事务大数据基础设施大体上可以分为通信基础设施、存储基础设施、安全基础设施和语言基础设施四种类型,其中前三种是通用基础设施,而语言基础设施则是专门针民族自治地方大数据整合过程中多民族语言跨语种共享的需求而专门进行设计和建设的。

民族事务大数据处理系统主要包括数据汇集与装载子系统、数据组织与整序子系统、数据分析与挖掘子系统、数据展现与交互子系统、数据决策与应用子系统共五个层面。基础数据的汇集与装载通常被称为 ETL(Extract，Transform，Loading)。民族事务大数据组织和整序涉及的常见技术主要有元数据(Metadata)、数据集市、NoSQL、Hadoop、Mapreduce等。数据分析的方法大致可以分为三种：基本分析方法，主要以基础的统计分析为主；高级分析方法，以计量经济建模理论为主；数据挖掘类，以数据仓库、机器学习等复合技术为主。数据可视化用较为直观的、以图像或者图形来表示数据所产生的信息。决策支持系统是支持决策者对半结构化问题或者非结构化问题进行决策的计算机信息系统。

民族事务大数据体系是为政府提供民族事务决策支持以及民族事务数据开放共享的交互式平台，尽可能使用简洁、有效的方式与用户进行交互，使用户有较好的使用体验；在符合法律且保障信息安全的前提下，数据资源向社会开放和共享；基于多民族语言信息共享支持体系，面向语言文字应用能力不同的各类社会群体提供多语言信息服务。

第6章　中国民族事务大数据生态的保障体系

信息生态学(Information Ecology)认为，信息系统并不是一个单纯的技术系统，而是由信息、技术和人相互作用构成的复杂生态系统。从信息生态学的观点看待中国民族事务大数据体系，我们会发现除了要进行基础数据资源规划管理、建设中心大数据平台之外，还要从法律规章、标准规范、信息安全、管理机制等角度采取各类措施，为民族事务大数据体系营造良好的外部环境和氛围。

6.1　法律规章体系

民族事务大数据体系的建设要在国家民族事务治理的基础法律框架之下进行，同时要遵守国家有关政府信息公开、政府数据开放、涉密信息保护、公民隐私权保护等方面的法律规章。

6.1.1　国家民族事务治理的基本法律框架

我国民族事务治理的主要法律主要有：(1)《中华人民共和国宪法》(二〇〇四年修正)中有关民族问题的条款。例如，《宪法》第四条规定：中华人民共和国各民族一律平等。国家保障各少数民族的合法的权利和利益，维护和发展各民族的平等、团结、互助关系。国家根据各少数民族的特点和需要，帮助各少数民族地区加速经济和文化的发展。各少数民族聚居的地方实行区域自治，设立自治机关，行使自治权。各民族自治地方都是中华人民共和国不可分离的部分。各民族都有使用和发展自己的语言文字的自由，都有保持或者改革自己的风俗习惯的自由。(2)《中华人民共和国民族区域自治法》(1984 年 5 月 31 日第六届全国人民代表大会第二次会议通过。根据 2001 年 2 月 28 日第九届全国人民代表大会常务委员会第二十次会议修正)第 21 条规定：民族自治地方的自治机关在执行职务的时候，依照本民族自治地方自治条例的规定，使用当地通用的一种或者几种语言文字；同时使用几种通用的语言文字执行职务的，可以以实行区域自治的民族的语言文字为主。(3)《中华人民共和国通用语言文字法》(2000 年 10 月 31 日第九届全国人民代表大会常务委员会第十八次会议通过)中关于国家通用语言文字法律地位，国家通用语言文字使用、管理和监督等相关条款。例如《国家通用语言文字法》第八条规定：各民族都有使用和发展自己的语言文字的自由。少数民族语言文字的使用依据宪法、民族区域自治法及其他法律的有关规定。

6.1.2　民族自治地方信息化建设相关法规

民族自治地方信息化建设法规主要包括电子政务建设管理和语言文字工作两个方面：(1) 信息化管理和电子政务建设管理方面的地方法规，例如新疆维吾尔自治区人民代表大会常务委员会制定的《新疆维吾尔自治区信息化促进条例》(2009 年 12 月)、新疆维吾尔自治区人民政府办公厅制定的《新疆维吾尔自治区政府系统政务微博客应用管理规定》(2012 年 11 月)、广西自治区人民政府办公厅制定的《广西壮族自治区政府系统电子政务安全保密管理办法》(2008 年 5 月)、广西壮族自治区人民政府制定并颁布的《广西壮族自治区政务服务管理办法》(2011 年 9 月)、宁夏自治区国土资源厅负责制定的《宁夏自治区国土资源电子政务网络管理办法》(2011 年 2 月)、景东彝族自治县人民政府制定的《景东彝族自治县电子政务建设管理办法》(2009 年 8 月)、楚雄彝族自治州人民政府制定的《楚雄彝族自治州电子政务协同办公系统管理办法》、阿坝藏族羌族自治州人民政府制定的《阿坝藏族羌族自治州政务服务监督管理办法》、博尔塔拉蒙古族自治州人民政府办公室关制定的《博尔塔拉蒙古族自治州电子政务专网建设及应用管理规则》和《博尔塔拉蒙古族自治州政府系统公文无纸化传输应用管理细则》(2011 年 3 月)、靖州苗族侗族自治县人民政府制定的《靖州苗族侗族自治县电子政务工程建设管理办法》(2015 年 2 月)等。(2) 民族自治地方制定的语言文字工作法规也与电子政务建设相关。我国相关省、自治区一级的民族语言文字工作法规主要有《内蒙古自治区蒙古语言文字工作条例》、《内蒙古自治区社会市面蒙汉两种文字并用管理办法》、《内蒙古自治区学习、使用蒙古语文奖励办法》、《西藏自治区学习、使用和发展藏语文工作的规定》、《西藏自治区学习、使用和发展藏语文工作的规定实施细则》、《新疆维吾尔自治区语言文字工作条例》。自治州一级的民族语言文字工作法规主要有《延边朝鲜族自治州朝鲜语言文字工作条例》、《延边朝鲜族自治州朝鲜语言文字工作条例实施细则》、《凉山彝族自治区彝族语言文字工作条例》、《甘孜藏族自治区藏族语言文字使用条例》、《甘肃省甘南藏族自治州藏语言文字工作条例》、《甘肃省甘南藏族自治州藏语言文字工作条例实施细则》、《海南藏族自治州藏语文工作条例》、《黄南藏族自治州藏语文工作条例》、《海北藏族自治州藏语文工作条例》、《海西蒙古族、藏族自治州蒙古族藏族语言文字工作条例》、《果洛藏族自治州藏语文工作条例》、《玉树藏族自治州藏语文工作条例》等。

6.1.3　政府信息资源管理相关法规

我国民族事务大数据体系建设涉及的基础数据数据源开放共享、涉密信息管理和公民隐私权保护等问题也应该遵循国家相关法律法规。《中华人民共和国政府信息公开条例》(国务院 2007 年 1 月 17 日颁布,2008 年 5 月 1 日起试行)旨在保障公民、法人和其他组织依法获取政府信息,提高政府工作的透明度,促进依法行政,充分发挥政府信息对人民群众生产、生活和经济社会活动的服务作用。2016 年 9 月,国务院印发《政务信息资源共享管理暂行办法》,确定了我国政务信息资源共享的基本原则:各政务部门形成的政务信息资源原则上应予共享,涉及国家秘密和安全的,按相关法律法规执行。因履行职责需要使用共享信息的部门提出明确的共享需求和信息使用用途,共享信息的产生和提供部门应及时响应并无偿提供共享服务。按照国家政务信息资源相关标准进行政务信息资源的采集、存储、交换和共享工作,坚持"一数一源"、多元校核,统筹建设政务信息资源目录体系和共享交换体系。联席会议统筹建立政务信息资源共享管理机制和信息共享工作评价机制,各政务部门和共享平台管理单位应加强对共享信息采集、共享、使用全过程的身份鉴别、授权管理和安全保障,确保共享信息安全。《中华人民共和国保密法》(1988 年 9 月 5 日第七届全国人民代表大会常务委员会第三次会议通过,2010 年 4 月 29 日第十一届全国人民代表大会常务委员会第十四次会议修订)主要规定了涉密信息管理的范畴、国家保密制度和泄密行为的责任追究等事项。对隐私权的法律保护,我国采取的是间接、分散的立法方式,主要有宪法、刑法、诉讼法、行政法和民法,形成了一个多层面的隐私权法律保护局面。宪法是我国的根本大法,宪法第三十八条、三十九条、四十条都涉及隐私权的保护,第三十八条确定了人格权价值基础,第三十九条、四十条是对隐私权具体内容的保护规定。第三十八条规定:"中华人民共和国公民的人格尊严不受侵犯。禁止用任何方式对公民进行侮辱、诽谤和诬告陷害。"确保了隐私权是深入到人们的内心世界来保护人们的人格尊严,它是一种不同于名誉权、姓名权、肖像权的更高层次的人格权,保护公民的人格尊严,也当然保护公民的隐私权。民法对隐私权的保护主要体现在三个方面：一是对公民的民事权利，尤其是人身权进行原则性规定，确立了公民隐私权不容侵犯的民法保护精神；二是通过确定侵害隐私权的民事责任而实现对隐私权的保护；三是通过法律解释明确保护。在所有保护隐私权的法律法规层面中，民法是保护最充分、最完整的部门法。我国《刑法》对隐私权的保护主要是通过追究侵害隐私权行为的刑事责任来实现的。刑法第二百四十五条第一款规定："非法搜查他人身体、住宅，或者非法侵入他人住宅的，处三年以下有期徒刑或者拘役。"类似的规定，都是宪法保护公民隐私权的精神在刑事领域的具体延伸，为保护公民隐私权提供了最强有力的刑法保障。在诉讼法方面，我国法律确立了人民法院公开审理案件的一般原则，但对于有些涉及当事人个人隐私的案件，我国一些程序法又规定了不适用公开审理的情况。在行政法规方面，我国关于新闻、出版、广告、宣传、广播、电视、电影、医疗卫生、档案管理、邮电、社会治安等许多方面的行政法律法规中都有隐私权保护的规定。

6.2　标准规范体系

"标准(Standard)"是对重复性事物和概念所做的统一规定，它以科学、技术和实践经验的综合成果为基础，经过有关方面协商一致，由主管机构批准，以特定形式发布，作为共同遵守的准则和依据。标准化是政务大数据发展的必由之路，如果不实现技术工作的标准化，多样性数据资源之间的整合几乎不可能实现；如果不实现政府管理工作的标准化，政务大数据的效益将很难得到充分发挥。

6.2.1　我国政务大数据相关技术标准

我国电子政务标准体系已经初步形成，制定并颁布的国家标准主要有：GB/T 19486—2004《电子政务主题词表编制规则》、GB/T 19487—2004《电子政务业务流程设计方法通用规范》、GB/T 19488.1—2004《电子政务数据元第 1 部分：设计和管理规范》、GB/T 19667.1—2005《基于 XML 的电子公文格式规范第 1 部分：总则》、GB/T 19667.2—2005《基于 XML 的电子公文格式规范第 2 部分：公文体》、GB/T 19668.1—2005《信息化工程监理规范第 1 部分：总则》、GB/Z 19669—2005《XML 在电子政务中的应用指南》、GB/T 19581—2004《信息技术会计核算软件数据接口》、GB/T 21063—2007《政务信息资源目录体系》(包括总体框架、技术要求、核心元数据、政务信息资源分类、技术管理要求等 5 个部分)、GB/T 20518—2006《信息安全技术 公钥基础设施 数字证书格式》、GB/T 20519—2006《信息安全技术 公钥基础设施 特定权限管理中心技术规范》、GB/T 20520—2006《信息安全技术 公钥基础设施 时间戳规范》、GB/T 21061—2007《国家电子政务网络技术和运行管理规范》、GB/T 21062—2007《政务信息资源交换体系》(包括总体框架、分布式应用系统间信息交换技术要求、异构数据库接口规范、技术管理要求等 4 个部分)、GB/T 19668—2014《信息化工程监理规范》(包括总则、电子设备机房系统工程监理、通用布线系统工程监理、计算机网络系统工程监理、软件工程监理、信息化工程安全监理共 6 个部分)、GB/T 20916—2007《中文办公软件文档格式规范国家标准》、GB/T 21026—2007《中文办公软件应用编程接口规范国家标准》、GB/T 18578—2008《城市地理信息系统设计规范国家标准》、GB/T 21740—2008《基础地理信息城市数据库建设规范国家标准》等。

现对部分电子政务标准概要介绍如下:

(1) GB/T 19487—2004《电子政务业务流程设计方法通用规范》:对各种业务流程的确切描述和正确设计是非常重要的、关键性的基础工作。该标准为业务人员(业务领域专家)提供了一种描述业务流程的手段,还为业务人员与软件开发人员进行交流提供了有效的途径,并且该标准给出了描述业务流程细致程度的具体指标,将从任务分工责任化、业务运行责任化、信息处理精细化等方面促进业务管理规范化,对促进以业务为中心的信息共享和业务协同起到重要的支撑作用。

(2) GB/T 19488.1—2004《电子政务数据元第 1 部分:设计和管理规范》:数据元是有效实现和增进跨系统和跨环境数据共享的基础,电子政务数据元是政府所有业务活动中所涉及数据元的总称。该标准主要规定了电子政务数据元的基本概念和结构、表示规范以及特定属性的设计规则和方法,并给出了电子政务数据元的动态维护管理机制。该标准可用于指导各级政府部门编制各种通用或专用的数据元目录。

(3)《基于 XML 的电子公文格式规范》:该标准是一个系列标准,在总标题《基于 XML 的电子公文格式规范》下拟分为总则、公文体、显现、办理、交换、归档及安全等 7 个部分。该系列标准是利用可扩展置标语言(XML)对机关电子公文处理过程的相关信息进行结构化描述,通过制定统一的电子公文标准,实现党政机关公文处理的电子化、自动化、标准化。该系列标准的制定与实施,将加快各级党政机关的公文流转速度,大大提高办公效率。在全国范围内建立起统一的电子公文格式标准,可以为实现政务系统的互联互通和信息资源共享打下良好的基础,避免因标准的差异而导致重复建设和资源浪费。

(4) GB/T 19486—2004《电子政务主题词表编制规则》：电子政务主题词表是供国家各级政府部门在网络环境下处理政务使用的重要检索语言工具。该标准规范了电子政务主题词表的编制、控制质量以及实现检索语言在网络环境下的兼容与共享，还规定了电子政务主题词表(包括综合电子政务主题词表和专业电子政务主题词表)编制中应遵循的原则、方法和要求，主要内容有词表结构、选定词、参照系统、主题词款目格式、排序、主表、附表、索引、出版形式、综合电子政务主题词表与专业电子政务主题词表的关系等。

(5) GB/Z 19669—2005《XML 在电子政务中的应用指南》：XML 技术是一门新兴的技术，在国内、国际电子政务应用的各个层面已经发挥出越来越重要的作用。该标准着重介绍了 XML 相关技术在电子政务技术参考模型中每一层次上的应用场景、如何应用 XML 技术、应该遵循的相关标准和规范。

(6)《信息化工程监理规范》：信息化建设是一项投资规模大、建设周期长、技术含量高的系统工程。信息化工程监理工作的主要内容是对信息化工程建设的设计、开发、实施各阶段进行质量控制。该标准是一个系列标准，在总标题《信息化工程监理规范》下拟分为总则、综合布线系统工程监理、计算机机房系统工程监理、计算机网络系统工程监理、应用软件开发系统工程监理和信息安全系统工程监理等6部分，目前完成了 GB/T 19668.1—2005《信息化工程监理规范第 1 部分：总则》，该部分规定了信息化工程新建、升级、改造过程中监理工作的一般原则。该规范对于指导和规范我国信息化工程监理工作的开展将起到重要的作用。

(7) GB/T 19581—2004《信息技术会计核算软件数据接口》：制定该标准的目的就是通过制定和实施统一的会计核算软件数据接口规范，克服数据交换的障碍，提高会计数据的综合利用率；降低社会使用会计信息的成本；促使财务软件市场朝着规范化、正规化、实用化的方向发展。该标准规定了会计核算软件的数据接口要求，包括会计核算数据元素、数据接口输出文件的内容和格式的要求，提出了数据元素和辅助核算的概念，为标准使用者理解会计核算的数据概念奠定了基础；还规范了文本格式和 XML 格式的数据接口，为会计核算软件与其他信息系统之间的数据交换创造了条件。

(8)《中文办公软件文档格式规范》(英文简称为 UOF)：该标准用于规范办公软件文档的结构描述形式，加强中文办公软件间的兼容性，奠定办公软件文档信息交换的基础，它的制定对于保障各类政府电子公文和办公文档的长期有效性、促进电子政务各项应用与中文办公软件的集成具有重要意义。该标准采用了 W3C XML Schema 作为描述文字处理、电子表格和演示文档格式信息的语言，同时也定义了针对物理存储格式以及文档标准应用过程中的辅助性规范。

我国电子政务标准化工作要进一步发挥国家标准在跨部门间信息共享和业务协同中的作用，逐步形成以国家标准为主体、行业标准为补充的电子政务标准体系；逐步健全国家电子政务标准化协调机制，以国家电子政务标准化总体组为核心，形成对国家及地方重点电子政务建设项目进行标准化方案的备案审查制度；进一步完善政务信息资源目录体系和交换体系建设配套标准的研究制定，加快制定人口、法人单位、地理空间、物品编码等基础信息的标准；围绕财政、金融、税收、工商、海关、国资监管、质检、食品药品安全等关键业务，统筹规划，分类指导，发挥各业务主管部门的力量，重点做好部门间政务信息资源共享、业务协同所需的政务信息资源目录、业务流程规范、数据指标、数据交换格式规范等一批基础性、共性标准，有序推进相关业务系统之间、中央与地方之间的信息共享，促进部门间的业务协同，提高监管能力，全面支撑经济调节、市场监管、社会管理和公共服务职能；加大电子政务标准试验、验证机制和标准实施监督手段的投入力度，逐步建立和形成面向全社会的、开放式的电子政务标准联合试验、验证机制及标准实施监督机制；通过标准符合性试验、验证工具开发、标准符合性验证评价机制的建立和完善，形成以相关法律和法规为依据、以电子政务工程为对象、以标准和有关程序为准则、以标准符合性评价机构为依托的电子政务工程质量评价体系，加强标准实施力度、确保工程建设的质量。

6.2.2　少数民族文字政务数据相关标准

民族自治地方电子政务建设过程中除涉及上述相关标准之外，还涉及部分少数民族语言文字信息处理以及规范化使用的相关标准。少数民族语文的规范化、标准化是我国民族语文现代化工作的重要组成部分。在中华人民共和国建立初期，就展开了民族语言文字调查工作。在此基础上，为一些民族语言确立了标准音，为 10 个无文字的民族创制了 14 种新文字，为文字不完善的民族改进了 8 种文字。这些工作不仅为民族语文规范化和标准化确立了基点和方向，也为民族语文的信息化准备了基础性工作。1965 年，国家测绘局和中国文字改革委员会发布了《少数民族地名汉语拼音字母音译转写法》，这是我国少数民族语言文字第一个标准文本，为少数民族语言地名标准化工作提供了参考和依据。1984 年 10 月，全国首届少数民族语言文字信息处理学术研讨会在呼和浩特举行，会议涉及蒙古、藏、维吾尔、哈萨克、朝鲜、壮等 6 种少数民族语文信息的计算机处理，这次会议的召开标志着少数民族语文信息化正式拉开了序幕。此后，连续召开了多次学术会议，极大地促进了少数民族语文信息化学术研究和技术的发展。

　　我国民族文字编码标准的研制始于 20 世纪 80 年代，迄今已有多种传统通用民族文字编码字符集、字形、键盘国际标准、国家标准和地方标准。1987 年，原国家技术监督局发布了内蒙古民语委、内蒙古计算中心等单位联合制定的《信息处理交换用蒙古文七位和八位编码图形字符集》(GB8045—1987)，这是我国第一个民族文字编码标准。此后又制定了《信息处理交换用蒙古文字符集键盘字母区的布局》(GB8046—1987)、《信息交换用蒙古文 16 × 12、16 × 8、16 × 4 点阵字模集》(GB7422.1—1987)、《信息交换用蒙古文 16 × 12、16 × 8、16 × 4 点阵数据集》(GB7422.2—1987)、《信息处理用蒙古文 24 点阵字模集及数据集》(GB12051—1989)等标准。这些成果在当时的技术和设备环境下，为研发、应用工作做出了突出的贡献，先后获得了省部级科技进步奖。1994 年我国开始制定 ISO/IEO 10646 多文种平面上的蒙古文国际编码标准。经过专家多次论证，提出了一套以蒙古文字母为基础的《蒙文编码方案》，包括蒙古文、托忒蒙古文、满文、锡伯文的统一编码方案。这套方案于 2000 年得到了国际标准化组织的通过和 Unix 技术委员会的认可。2003 年，发布的 Unix4.0 中收入蒙古文、托忒蒙古文、满文名义字符和控制符号 155 个，编码空间为 U1800—18AF。此外《蒙古文拉丁文转写方案》国际标准也正在研制之中。2006 年 6 月，全国信息技术标准化委员会成立了蒙古文信息技术国家标准工作组，这标志着我国蒙古文信息技术国家标准的制定有了自己的平台。维吾尔、哈萨克、柯尔克孜三种文字都是以阿拉伯文为基础的拼音文字，大部分字母是共同的，所以在计算机处理这些文字时大都统一做在一个系统上，使系统具有同时处理这三种文字的功能。1989 年，原国家技术监督局发布了新疆大学和新疆语委牵头制定的国家标准《信息处理　信息交换用维吾尔文编码图形字符集》(GB12050—1989)。20 世纪 90 年代初，新疆语委牵头组织有关单位的专家起草和制定了计算机信息处理维吾尔、哈萨克、柯尔克孜、锡伯等文种的三项国家标准，成为各类相关民族语文软件开发共同遵循的标准。2005 年 4 月，新疆质量技术监督局、区信息化办公室发布了《信息交换用维吾尔文、哈萨克文、柯尔克孜文编码字符集、基本集与扩展集》、《信息交换用维吾尔文、哈萨克文、柯尔克孜文字体字形》、《信息交换用维吾尔文界面信息常用术语》三项地方标准。这三项标准的发布对解决维吾尔、哈萨克、柯尔克孜文计算机编码不全、字体字形标准不一致、不统一，界面术语翻译不准确、不规范，软件之间互不兼容、互不支持等问题起到很大的作用，还将有效地解决当前新疆民族语文信息处理技术应用、推广、发展及实现产业化的问题。1989 年，原国家技术监督局发布了延边电子信息中心起草的《信息交换用朝鲜文字编码字符集》(GB12052—1989)国家标准，共收入朝鲜文字符 5300 个。为实现朝鲜语信息处理国际化目标，该中心积极同朝鲜的计算机中心、韩国国语信息学会、延边朝鲜语研究所联合，完成了三国通用的《国际标准信息技术用语词典(1-25)》的编译工作。现已在朝鲜语字母排序、键盘排序安排等方面取得了突破性进展。1991 年，原国家技术监督局发布了四川省民委、语委组织西南民族学院等单位根据规范彝文研制的《信息交换用彝文编码字符集》(GB1314—1991)、《信息交换用彝文 15 × 16 点阵字模集及数据集》(GB13135—1991)两个国家标准。1995 年又发布了《信息交换用彝文 24 × 24 点阵字模集及数据集》标准。1993 年，四川省民委、民语委和西南民族大学完成了《通用多八位彝文编码字符集》国际标准方案，并向国际标准化组织提交了关于将彝文编码到 ISO/IEC 10646 的提案，经过 6 年的积极争取，1997 年第 33 次 ISO／IEC JTCI／SC2／WG2 会议决定接受中国彝文方案中的 1165 个彝文字符和 57 个彝文部首的字形及名称，编码空间为 UA000—A48F 和 UA490—A4C8。1999 年 12 月，国际标准化组织终于批准了将彝文及其部首编码到 ISO/IEC 10646 BMP 的提案，并被收入该国际标准 2000 年版。藏文信息技术标准化工作始于 1993 年，"以我为主"地开展了信息交换用藏文编码字符集国际标准的研制工作。在国家有关部门的组织协调下，经过藏文专家和计算机专家、信息标准专家们的共同努力，完成了制定藏文编码国际标准的最终方案。1997 年 7 月在第 33 届 WG2 会议及 SC2 会议上正式获得通过，共包括藏文及梵文字母、标点符号、天文历算符号 193 个编码字符(俗称小字符集)，编码空间为 U0F00—0FFF。这个标准的通过使藏文成为我国少数民族文字中第一个具有国际标准的文字。与此同时，国家公布了《信息技术信息交换用藏文编码字符集基本集》(GB16959—1997)和《信息技术藏文编码字符集(基本集)点阵字形第一部分：白体》(GB/T 16960.1—1997)两项国家标准，但由于技术原因，国内外至今还没有利用小字符集通过动态叠加组合方式实现藏文信息处理的成功案例。2002 年以来，我国两次向 ISO／IEC JTCI／SC2／WG2 提出了"大丁藏文编码字符集"方案，但遭到拒绝。2004 年 3 月，国家标准管理委员会决定成立藏文信息技术标准工作组。2005 年 8 月，由西藏自治区藏语文工作委员会和西藏大学联合国内有关单位共同研制的藏文国家标准《信息技术信息交换用藏文编码字符集扩充集 A》、《信息技术信息交换用藏文编码字符集扩充集 B》通过了专家鉴定。前者包括藏文垂直预组合字符 962 个，后者包括 5702 个字符，编码位置在 GB13000 的专用平面 0F 平面，其排序遵循基本集的排序。与此同时，还通过了《信息技术藏文编码字符集键盘字母数字区的布局》标准，键盘布局按字元频度设计，结构合理，输入速度快，不易出错，也初步解决了藏文键盘布局不统一的问题。傣文信息化起步较晚，它一开始走的就是国际编码标准的道路。2001 年，德宏傣文编码国际标准获得通过，共收入 35 个字符，编码空间为 U1950—197F；2004 年，西双版纳新傣文编码国际标准获得通过，共收入 80 个字符，编码空间为 U1980—9DF，西双版纳老傣文的国际编码标准目前也正在制定中。此外，八思巴文编码方案经过多年的修改，现在已送 WG2 和 UTC 成员复审。2005 年，教育部、国家语委向云南省语委下达了《纳西东巴象形文字编码字符集国际标准》的研发任务，纳西东巴文的国际标准有望在不久的将来问世。其他一些古文字，如西夏文、契丹文、贵州古彝文的编码标准也在研究和制定中。

我国各传统通用的少数民族语言都制定了一些语言文字标准和信息编码标准，但由于民族语言规范化程度不够，有些民族语言方言分歧较大，再加上民族语言字形各种各样，非常复杂，目前的标准体系还比较粗疏，民族语文的标准还跟不上时代的需求。目前标准体系建设只搭了一个架子，内部许多标准还有待制定；字符集不全或不合适，严重影响了标准的科学性和实用性；有些文字的编码标准虽然确定下来了，但在技术上还存在很多困难，实现信息处理标准的国际标准化步履维艰；由于少数民族语文一些标准是"事实标准"，本身还存在很多缺陷，标准的修订还没有提上日程。

6.3　安全管理体系

民族事务大数据平台的正常运行需要安全的、可靠的基础设施服务提供支持和保障，为数据资源管理和应用系统构建相对安全的信息环境。大数据体系信息安全管理的内容主要有信息安全风险管理、信息安全等级测评、信息安全应急响应三方面。

6.3.1　信息安全风险管理

政务大数据系统信息安全风险管理是对组织面临的信息安全风险进行识别、评价和制定应对策略的过程，通常分为风险评估和风险控制两个阶段。电子政务信息安全风险评估是确定电子政务系统面临的风险级别的过程，是风险控制的前提和基础。

风险评估阶段的基本实施步骤应该是：(1) 识别风险：一方面根据电子政务自身的特点，明确风险分析对象，标识系统边界及其所包含的资源，确定风险范围；另一方面找出系统本身的薄弱环节，分析威胁的来源、类型、级别、出现概率等，以此达到风险识别的目的。(2) 进行风险度量：确定风险对组织或系统的影响和损失程度。(3) 确定风险级别：风险取决于威胁发生的概率及相应的影响，可事先定义好不同范围、程度的风险级别，划分风险等级。(4) 制定相应的风险管理策略来降低风险，为风险控制提供指导。

安全风险控制是根据风险评估阶段的结果，采用一定的方法和手段，对已标识的风险采取相应措施，将电子政务系统的安全风险降低到可接受的水平，一般有以下选择：(1) 选择风险控制手段，如预防手段(消除系统缺陷)、限制手段(限制威胁的影响范围)、检测响应手段(主动进行入侵检测)。(2) 采取风险规避手段，如外网隔离、实施恶意软件控制程序。(3) 实施必要的风险转移措施，如商业保险等。(4) 降低威胁的影响程度，建立并实施持续性的安全管理计划，包括对应急、备用、恢复等活动的安全要求；建立并实施对系统进行监控的程序，以主动探测威胁，抑制其扩大。(5) 对剩余风险的接受，系统绝对安全是不可能的，应该在一定程度上接受剩余风险，而对其中无法接受的风险，应考虑再增加控制。

6.3.2　信息安全等级测评

政务大数据系统安全等级测评是验证信息系统是否满足相应安全保护等级的评估过程。信息安全等级保护要求不同安全等级的信息系统应具有不同的安全保护能力，一方面通过在安全技术和安全管理上选用与安全等级相适应的安全控制来实现；另一方面分布在信息系统中的安全技术和安全管理上不同的安全控制，通过连接、交互、依赖、协调、协同等相互关联关系，共同作用于信息系统的安全功能，使信息系统的整体安全功能与信息系统的结构以及安全控制间、层面间和区域间的相互关联关系密切相关。因此，信息系统安全等级测评在安全控制测评的基础上，还要包括系统整体测评。我国信息安全测评体系由三部分组成：中国国家信息安全测评认证管理委员会、中国信息安全产品测评认证中心和授权测评机构。

中国国家信息安全测评认证管理委员会是经国务院产品质量监督行政主管部门授权，代表国家对中国信息安全产品测评中心的测评认证活动实施监督管理的机构。中国信息安全产品测评认证中心是国家级认证机构，对外开展四种国家信息安全认证业务：产品认证、信息系统安全认证、信息安全服务资质认证和信息安全专业人员资质认证。授权测评机构是中国信息安全产品测评认证中心根据业务发展授权成立的，其测试结果作为国家认证中心的认证基础。国家质量技术监督局于 1999 年 9 月 13 日正式公布了新的国家标准"计算机信息系统安全保护等级划分准则" (GB17859—1999)，该标准于 2001 年元旦开始实施。这是我国第一部关于计算机信息系统安全等级划分的标准。GB17859 把计算机信息系统的安全保护能力划分为 5 个等级：用户自主保护级、系统审计保护级、安全标记保护级、结构化保护级和访问验证保护级。这 5 个级别的安全强度自低到高排列，且高一级包括低一级的安全能力。

6.3.3　信息安全应急响应

电子政务信息安全应急响应就是对电子政务系统中发生的有关计算机安全的事件进行实时响应与分析，提出解决方案和应急对策，以保护计算机信息系统和网络免遭破坏。其主要的服务方式有：(1) 电话响应。如果网络受到攻击者入侵、病毒感染，或者发生了其他安全相关的事件，可以通过电子邮件、在线呼叫、热线电话向 CERT 报告，CERT 根据事件的紧急程度提供相应的帮助、建议与救援。(2) 检查入侵来源。完成入侵的取证工作，用于将来的法律诉讼，恢复系统正常工作。(3) 事故分析。以便将来避免类似安全事件的发生。(4) 发布安全警报、安全公告、安全建议。只有当出现最严重的安全问题时，CERT 才发布安全警报，一般的安全问题则以安全公告的形式发布。(5) 咨询。解决用户安全方面的求助。国家计算机网络应急技术处理协调中心(简称"国家互联网应急中心"，英文简称是 CNCERT 或 CNCERT/CC)，成立于 2002 年 9 月，为非政府非盈利的网络安全技术中心，是我国网络安全应急体系的核心协调机构。CNCERT 在 31 个省、自治区、直辖市设有分支机构。目前，CNCERT 作为我国网络安全应急体系的核心协调机构，通过组织网络安全企业、学校、民间团体和研究机构，协调骨干网络运营单位、域名服务机构和其他应急组织等，构建我国互联网安全应急体系，共同处理各类互联网重大网络安全事件。同时，CNCERT 积极开展网络安全国际合作，致力于构建跨境网络安全事件的快速响应和协调处置机制。

6.4　组织管理机制

组织体系是对推动政务大数据建设工作各类机构、个人职责和权限的系统性安排，是民族事务大数据体系建设中至关重要的组成部分。如果组织体系架构合理，大数据建设所遇到的阻力就会减少，大数据建设进展就会加快。

6.4.1　组织机构

国家民族事务大数据建设是与国家民委电子政务建设联系最为紧密的重要任务，应该纳入到国家民委舆情中心(原国家民委信息中心)的工作职责，由国家民委舆情中心负责推动和管理，在基础数据采集等方面需要与各民族自治地方电子政务主管部门建立紧密联系，形成类似于推进联盟之类的协作机构。由于电子政务系统和大数据系统分别属于两种不同的信息系统，前者属于业务处理系统，后者属于数据分析系统，在建设思路和核心理念方面有非常大的区别，因此可以分别设立不同的部门来管理。例如，在国家民族事务委员会舆情中心内部，可以设置"大数据管理部"，专门进行民族事务大数据体系的建设和管理。"大数据管理部"人员构成方面要体现综合性、跨学科的特征，尽量配备熟悉民族工作，同时对数据库、数据仓库、数据分析、决策支持系统、人工智能等领域较为了解的技术型管理者，以适应大数据领域的交叉性、综合性对管理者能力素质提出的要求。

6.4.2　工作模式

由于民族事务大数据体系建设的专业性、复杂性特征，所有的工作由国家民族事务委员会舆情中心来负责是不现实的。中国民族事务大数据体系建设过程中，可以根据工作需要，对于一些非涉密数据资源管理和技术开发项目可以通过外包的形式，选择较为可靠的专业公司来承担。需要注意的是，政务大数据项目毕竟不同于一般的基础设施建设项目，外包的同时也会产生自建模式所没有的风险。因此，民族事务大数据项目外包，需要合理划分外包业务和自营业务的边界，准确选择外包项目的内容，将那些与核心业务无关的软硬件系统维护等业务外包出去，而对于涉密数据或机构核心数据的业务要严格按照政务信息安全管理的要求严加管控。此外，由于民族事务大数据体系建设的特殊性，在选择外包商时应该特别慎重，要严格审查其外包服务的资质以及此前的业务经营记录，通过系统严密的外包合同，明确双方在外包业务过程中的责任和权力，确保业务外包的同时，风险可以得到有效管控。

本 章 小 结

从信息生态学的观点看待中国民族事务大数据体系，除了要进行基础数据资源规划管理、建设中心大数据平台之外，还要从法律规章、标准规范、信息安全、管理机制等角度采取各类措施，为民族事务大数据体系营造良好的外部环境和氛围。民族事务大数据体系的建设要在国家民族事务治理的基础法律框架之下进行，同时要遵守国家有关政府信息公开、政府数据开放、涉密信息保护、公民隐私权保护等方面的法律规章。"标准(Standard)"是对重复性事物和概念所做的统一规定，它以科学、技术和实践经验的综合成果为基础，经过有关方面协商一致，由主管机构批准，以特定形式发布，作为共同遵守的准则和依据。标准化是政务大数据发展的必由之路，如果不实现技术工作的标准化，多样性数据资源之间的整合几乎不可能实现。民族事务大数据平台的正常运行需要安全的、可靠的基础设施服务提供支持和保障，为数据资源管理和应用系统构建相对安全的信息环境。大数据体系信息安全管理的内容主要有信息安全风险管理、信息安全等级测评、信息安全应急响应三方面。国家民族事务大数据建设是与国家民委电子政务建设联系最为紧密的重要任务，应该纳入到国家民委舆情中心(原国家民委信息中心)的工作职责，由国家民委舆情中心负责推动和管理，在基础数据采集等方面需要与各民族自治地方电子政务主管部门建立紧密联系，形成类似于推进联盟之类的协作机构。在国家民族事务委员会舆情中心内部，可以设置"大数据管理部"，专门进行民族事务大数据体系的建设和管理。中国民族事务大数据体系建设过程中，可以根据工作需要，对于一些非涉密数据资源管理和技术开发项目可以通过外包的形式，选择较为可靠的专业公司来承担。

第 7 章　中国民族事务大数据工程的建设方案

中国民族事务大数据是支持国家民族事务决策信息快速精准分析和智能挖掘的大体量、多来源、多样性原始数据的集合。"中国民族事务大数据工程"是推动民族事务大数据体系建设战略性信息化工程，根据对中国民族事务大数据体系结构和运行原理的分析讨论，本章从实践层面提出建设"中国民族事务大数据工程"的建议方案。

7.1　指 导 思 想

"中国民族事务大数据工程"建设的指导思想是认真落实党的十八大和十八届三中、四中、五中全会精神，深入贯彻习近平总书记系列重要讲话精神，牢固树立创新、协调、绿色、开放、共享的发展理念，发挥大数据技术在政务数据深度分析方面的优势，推动大数据技术在民族事务统计分析、民族事务趋势预测、民族事务决策支持、民族事务规律挖掘、民族事务实时监测、民族事务危机预警和民族事务政策模拟等领域的应用，策应国家民族事务治理战略，驱动民族地区社会治理创新，实现民族事务精准治理和治理模式转型。

7.2　建 设 原 则

建设"中国民族事务大数据工程"应遵循以下原则：

第一，统筹规划原则。充分利用已有数据资源，加强集约化建设，推动民族事务基础数据资源的汇集与整合，实现民族事务大数据的互认共享、多方利用。

第二，源头治理原则。加强对民族事务相关政务数据资源的梳理与规划，制定完善的相关数据标准，提高民族事务基础数据资源的质量。

第三，共建共享原则。加强国家民族事务委员会与各民族自治地方的协作配合和工作联动，明确责任分工，实现跨地区、跨层级、跨部门整体推进，做好制度衔接，为民族事务大数据的共建共享提供制度和机制保障。

第四，阶段推进原则。根据政务大数据建设的基本规律，提前做好民族事务大数据体系的总体规划，根据国家民族事务委员会和各民族自治地方信息化建设实际，分阶段、分步骤实施，最终达到项目设定的建设目标。

7.3　建　设　目　标

"中国民族事务大数据工程"建设旨在适应国家民族事务治理体系与治理能力现代化的需要，更好地用大数据技术深入分析和感知政务态势、深化大数据应用，辅助国家和地方民族事务的科学决策，努力构建"统筹集约、共享协同、开放创新、安全可控"的国家民族事务信息化发展新格局，用技术手段促进我国民族事务治理的科学化，促进我国民族地区经济社会发展，确保民族地区社会和谐稳定和长治久安。

7.4　建　设　任　务

"中国民族事务大数据工程"的建设任务分为八个方面。

7.4.1　民族事务基础数据规划与管理

国家民族事务大数据体系总体上分为"国家民族事务处理环境(OLTP)"和"国家民族事务数据分析环境(OLAP)"两部分。国家民族事务处理环境由国家民委电子政务系统、民族自治地方电子政务系统和其他数据源组成；"国家民族事务数据分析环境"由"民族事务大数据仓库"、"民族事务数据分析和挖掘"构成。"事务处理环境"为"数据分析环境"提供基础数据源，"数据分析环境"对基础数据源进行深度分析和挖掘后，产生民族事务处理的规则和策略，为相关领域决策提供支持和参考。中国民族事务全域数据模型整体上由业务数据、公共数据资源和专题大数据集三部分组成。中国民族事务大数据平台共规划了 6 个专题大数据集，分别是"民族事务人口大数据集"、"民族事务法人单位大数据集"、"民族地区经济发展大数据集"、"民族地区社会治理大数据集"、"民族地区公共文化大数据集"和"民族对外交流事务数据集"。中国民族事务大数据体系的来源主要由国家公共基础信息库、国家民委电子政务系统、民族自治地方电子政务系统和其他相关数据来源组成。中国民族事务大数据体系建设必须树立从源头开始治理的理念，引导民族地区的各类机构和个人建立数据意识，积极采集、保存工作和生活中的各类数据。数据质量是保证数据应用的基础，它的评估标准主要包括四个方面：完整性、一致性、准确性、及时性。

7.4.2　民族事务大数据基础设施建设

基础设施是大数据平台得以正常运行的物质载体，大体上可以分为通信基础设施、存储基础设施、安全基础设施和语言基础设施四种类型，其中前三种是通用基础设施，而语言基础设施则是专门针对民族自治地方大数据整合过程中多民族语言跨语种共享的需求而专门进行设计和建设的。"云计算(Cloud Computing)"是一种基于资源高度集成的基础设施提供互联网信息技术服务的基础设施架构。SAN 网络的光纤通道交换机将网络分为"应用子网"和"存储子网"两大部分，交换机将分散在网络中的各类存储器件整合起来，统一向应用子网提供数据服务。民族事务大数据系统网络安全是指电子政务网络系统的硬件、软件、数据均应该受到充分保护，使其不能因为计算机病毒或者黑客攻击而遭到破坏、更改和泄露。电子政务系统应对网络安全威胁的技术措施主要有反病毒系统、防火墙、入侵检测系统和漏洞扫描系统等。根据"多元一体"的理念，多民族语言政务大数据共享的目标模式是"以国家通用语言文字为核心"的多民族语言信息交流体系，通过国家通用语言文字将少数民族人口和少数民族语言信息资源连接为统一的整体。

7.4.3　民族事务大数据 ETL 系统开发

数据的汇集与装载(ETL)系统是大数据平台获得高质量数据的必要环节，是将数据源产生的基础数据经过加工处理后装入大数据平台的功能模块。基础数据的汇集与装载通常被称为 ETL(Extract，Transform，Loading)，包括数据提取(Data Extract)、数据验证(Data Verification)、数据清洗(Data Cleaning)、数据集成(Data Integration)、数据聚集(Data Aggregation)和数据加载(Data Loading)共六个阶段。国家民族事务大数据体系组织与整序子系统是将装载入大数据平台的数据资源进行进一步描述和处理，使其可以支持大规模、快速检索、分析和挖掘。民族事务大数据组织和整序涉及的常见技术主要有元数据(Metadata)、数据集市、NoSQL、Hadoop、Mapreduce 等。

7.4.4　民族事务数据分析方法库建设

根据民族事务的特征，完成大数据分析方法库的建设。数据分析的基本方法主要包括对比分析、趋势分析、差异显著性检验、分组分析、结构分析、因素分析、交叉分析、综合评价、漏斗图分析等。数据分析的高级分析方法主要包括时间序列分析、相关分析、回归分析、判别分析、组成分析、因子分析、对应分析、多维度分析等。数据库中的知识发现(Knowledge Discovery in Database，KDD)是一个从数据库中挖掘有效的、新颖的、潜在有用的和最终可理解的模式的复杂过程。数据挖掘(Data　Mining，DM)是 KDD 过程中对数据真正应用算法抽取知识的步骤，是 KDD 过程中的重要环节。描述性挖掘是指描述性知识的数据挖掘，主要包括特征与比较描述、关联分析、聚类分析、异常检测等。预测性挖掘是指预测性知识的数据挖掘，主要包括数据分类、数值预测等。

7.4.5　民族事务模型库建设

国家民族事务大数据平台部分解决了基础数据的全面性问题，要实现基于大数据的民族事务决策，关键在于构建大量与民族事务相关的决策模型。模型是为决策者在决策活动中提供的一套分析、判断、处理信息及其模拟决策活动的基本工具，借助于模型与决策者的思维判断与综合，能够控制决策活动的进行，调整主观判断的趋向性，加深对事物变化规律的理解，从而做出合理的决策。根据不同决策者的风格和所需解决决策问题类型的多样性和易变性，为决策者提供辅助支持手段。模型具有多种形式，使决策者能根据不同的输入及反馈信息，从不同角度和不同方面分析并处理问题。

7.4.6　民族事务数据可视化系统建设

数据可视化技术是利用计算机的巨大处理能力及计算机图像和图形学中的基本算法把海量数据转换为静态或者动态的图像或图形，呈现在人们面前。数据可视化的基本思想是将数据库中的数据项作为图元元素，然后把大量数据集构成数据图形，以使用户对数据的观察和分析更加深入。数据可视化技术的基本思想是，将数据库中每一个数据项作为单个图元元素表示，大量的数据集构成数据图像，同时将数据的各个属性值以多维数据的形式表示，可以从不同的维度观察数据，从而对数据进行更深入的观察和分析。数据可视化的基本显示技术主要有折线图、柱形图、散点图、条形图、面积图、圆环图、股价图、曲面图等。随着科技的发展，针对数据可视化又出现了很多新技术，根据这些技术可视化原理的不同，可以把这些技术划分为基于几何的技术、基于图标的技术、面向像素的技术、基于层次的技术、基于图像的技术和分布式技术等类型。

7.4.7　民族事务决策支持互动平台开发

用户接口为用户与计算机的通信和交互提供硬件和软件，是人机交互领域的子领域。人机交互研究人、计算机技术及其交互方式，接口包括响应以及图形的、听觉的、触觉的和其他通信方式。从用户的角度来说，接口的质量取决于用户所看到的或感觉到的内容，即用户必须清晰地理解所感觉到的东西，并且知道为获得结果所能够或必须采取的行动或操作。在决策支持系统中使用超文本、多媒体、超媒体等交互方式，可以使用户接口更加丰富。图形对于表示大量数据比较重要，且图形用户接口允许用户以选择和点击的方式使用系统。GIS 因其面向地理信息的简洁表达和处理方式，正产生很大的影响。虚拟现实、3D 图形和多媒体，具有增强 DSS 的作用。自然语言处理和语音识别可以为用户使用系统提供各种方便灵活的方式。

7.4.8　民族事务大数据应用推广

民族事务大数据体系在我国民族问题决策和民族政策制定方面可以发挥重要的作用。在政策制定阶段，数据分析是决定政府质量高低的关键性要素，通过对历史数据的有效分析，可以吸取教训、总结经验，为新计划的制订提供宝贵的经验借鉴。对当前及未来影响政府活动的可能因素进行量化分析，辅之以同期其他国家和地区同类活动的比较，可以为政策制定提供更加直接、更加重要的参考。在政策实施阶段，大数据分析技术可以有效监控政策实施的情况，首先可以进行数据分析和监控，即掌握政策是否按计划如期实施，了解影响政策顺利实施的因素有哪些。此外，对政策实施过程中的一些问题或者失误，数据分析技术可以快速、准确地反映给决策者，从而能在第一时间提出补救或修正措施。在政策评估阶段，数据分析同样有着不可忽视的作用，如政策的实施是否发挥预期作用，实施后又产生了哪些其他方面的后果等，这些问题可以通过对数据的科学分析来解答，同时对未来政策制定也有着极其重要的借鉴意义。

7.5　保障措施

为确保"中国民族事务大数据工程"建设的顺利推进，需要从法津法规、标准规范、安全管理、管理机制等方面采取保障措施。

7.5.1　法律法规

民族事务大数据体系的建设要在国家民族事务治理的基础法律框架之下进行，同时要遵守国家有关政府信息公开、政府数据开放、涉密信息保护、公民隐私权保护等方面的法律法规。

7.5.2　标准规范

标准化是政务大数据发展的必由之路，如果不实现技术工作的标准化，多样性数据资源之间的整合几乎不可能实现。民族事务大数据建设需要重点关注的国家标准主要有：GB/T 21063—2007《政务信息资源目录体系》(包括总体框架、技术要求、核心元数据、政务信息资源分类、技术管理要求等 5 个部分)、GB/T 21062—2007《政务信息资源交换体系》(包括总体框架、分布式应用系统间信息交换技术要求、异构数据库接口规范、技术管理要求等 4 个部分)、GB/T 19488.1—2004《电子政务数据元第 1 部分：设计和管理规范》等。此外，需要遵守我国主要少数民族文字编码字符集、字形、键盘的相关国家标准和少数民族文字术语应用规范等地方标准。

7.5.3　安全管理

民族事务大数据平台的正常运行需要安全的、可靠的基础设施服务提供支持和保障，为数据资源管理和应用系统构建相对安全的信息环境。大数据体系信息安全管理的内容主要有信息安全风险评估与控制、信息安全等级测评、信息安全应急响应等。

7.5.4　管理机制

"中国民族事务大数据工程"建设应该纳入到国家民委舆情中心(原国家民委信息中心)

的工作职责，由国家民委舆情中心负责推动和管理，同时与各民族自治地方电子政务主管部门建立紧密联系，形成推进联盟之类的协作机构。在国家民族事务委员会舆情中心内部，可以设置"大数据管理部"，专门进行民族事务大数据体系的建设和管理。建设过程中可根据工作需要，对于非涉密数据资源管理和技术开发项目可以通过外包的形式，选择较为可靠的专业公司来承担。

本 章 小 结

本章探讨了"中国民族事务大数据工程"的概念并对其建设的指导思想、建设目标、建设任务和保障机制进行系统性梳理和规划，可以为国家民族事务管理委员会进行民族事务大数据体系构建和工程实施提供决策参考。

第 8 章　结　语

8.1　研　究　总　结

本书为国家民委民族问题研究项目"中国民族事务大数据体系构建方略研究(项目号：2016-GMD-007)"的研究成果，是在我国推进民族地区社会治理体系和治理能力现代化和"大数据"上升为国家战略的背景下进行的，是对我国基于大数据的民族事务治理方式创新基础工作的理论探索。本书是在"大数据"成为国家战略和国家推进治理体系和治理能力现代化的背景下，针对我国民族事务治理过程中所存在的信息分散、管理精准化程度低、决策科学化程度有待提升、风险和危机预测能力不强等问题，提出"中国民族事务大数据工程"的建设构想，为我国民族事务的科学决策、风险预警、政策模拟等功能的实现提供技术支持。本书的研究成果对于提高我国民族事务的治理能力和治理水平，促进民族地区经济社会全面发展和社会长治久安具有极为重要的影响。

中国民族事务大数据体系建设是一项复杂的系统工程，涉及战略、战术和执行三个层面。其中，战略层主要解决"为什么要构建民族事务大数据体系(why to do)"的问题；战术层主要解决"构建什么样的民族事务大数据体系(what to do)"的问题；执行层解决"如何构建民族事务大数据体系(how to do)"的问题。三个层面紧密联系、上层指导下层，下层支撑上层，构成完整的管理体系。基于上述思想，本书的研究主要从上述三个层面展开：(1) 战略层：中国民族事务大数据体系的战略定位。主要涉及中国民族事务大数据体系的概念界定、内涵分析和战略价值等方面。(2) 战术层：中国民族事务大数据体系的总体框架。主要涉及中国民族事务大数据来源的规划管理、中国民族事务大数据平台的架构设计、中国民族事务大数据生态的保障体系三个方面的内容。其中，中国民族事务大数据平台的架构设计是整个项目研究的核心内容，可以细分为：大数据存储基础设施、大数据汇集与组织子系统、大数据分析与挖掘子系统、大数据应用与服务子系统等。国家民族事务大数据来源的规划与管理主要是应用顶层设计方法和工具，对民族事务大数据进行战略规划，明确需要采集的数据资源、采集的方法与策略、来源数据治理控制与管理等。民族事务大数据生态的保障体系分为制度保障体系、管理保障体系和安全管理体系三个组成部分，其目的是保障基于大数据中心平台的大数据生态系统正常运作，发挥大数据的决策和管理价值。(3) 执行层：中国民族事务大数据工程的建设方案。主要是指国家民族事务大数据体系的理论研究，对我国实施"民族事务大数据工程"的指导思想、建设目标、建设任务、保障措施等做出规划和安排。

　　根据上述思想，本书章节安排如下：第 1 章，绪论。主要介绍本书的研究背景、研究意义、国内外研究现状，本书的研究定位、研究思路和研究方法等。第 2 章，中国民族事务大数据体系的战略定位。主要介绍中国民族事务大数据体系的概念与内涵，中国民族事务大数据体系的应用价值和功能定位等。第 3 章，中国民族事务大数据体系的总体框架，主要借鉴价值链思想和信息工程学的通用信息系统工程模型，构建了民族事务大数据体系的框架模型。第 4 章，中国民族事务大数据来源的规划管理，主要基于 EA 原理，对民族事务大数据体系来源数据进行战略规划，明确需要纳入大数据体系的基础数据的类型、采用和采集途径，同时对基础数据质量进行前端管理和控制。第 5 章，中国民族事务大数据平台的技术架构。主要介绍大数据体系核心数据平台各个模块的功能和实现方法，包括大数据汇集与组织子系统、大数据分析与挖掘子系统、大数据应用与服务子系统等。第 6 章，中国民族事务大数据生态的保障体系。主要介绍支持国家民族事务大数据体系正常运行的法规保障体系、标准保障体系和管理保障体系等。第 7 章，中国民族事务大数据工程的建设方案。主要是基于对民族事务大数据体系的理论分析，结合我国民族地区经济社会发展实际，提出建设民族事务大数据体系的执行方案，包括建设目标、建设内容、建设周期、建设策略等。第 8 章，结语。总结本书的核心结论和创新点，对后续研究进行展望。

8.2　创 新 之 处

　　本书的研究整体上基于信息工程学的"瀑布模型(Water Fall Model)"，采取了"自上而下"理论演绎法为主，"自下而上"实证归纳法为辅的研究方法，通过对国家民族事务治理职能及其决策需求的分析，推导出中国民族事务大数据体系的数据模型，进而基于模型设计及与之对应的技术平台架构和制度体系框架等，在以下方面实现了创新：(1) 理论创新。基于价值链理论，明确大数据体系在民族事务治理中的战略定位，分析中国民族事务大数据体系价值产生的机理,构建中国民族事务大数据管理体系的价值链模型,对大数据体系构建过程中涉及的各类问题进行系统化梳理,为科学认识大数据的本质、优势和局限性提供完整的理论框架。(2) 应用创新。基于数据资源战略规划理论、方法和工具,完成"中国民族事务大数据体系框架模型"、"国家民族事务大数据体系全域数据模型"、"国家民族事务大数据中心平台"等规划设计方案,完成国家民族事务大数据体系的"蓝图"设计。(3) 实践创新。立足民族工作实际,从法律法规、标准规范、安全管理、管理机制等角度构建协调各类关系,支撑大数据价值发挥的信息生态体系,根据民族事务大数据体系结构和运行原理,从实践层面提出建设"中国民族事务大数据工程"的建议方案,为国家民族事务委员会提供决策参考。

8.3 研 究 展 望

中国民族事务大数据体系建设是从国家层面上进行的重大研究项目,尽管本项目投入了大量的研究精力,目前所取得的成果仅仅是从宏观层面上对民族事务大数据管理体系所做的一个整体性规划,涉及的实证性、实验性内容暂时没有深入开展。目前,这一领域还有大量有待进一步深入研究的问题,期待着来自民族学、公共管理学、信息管理学、计算机科学、统计学等学科的专家学者共同努力,协作攻关。就研究角度而言,下一步有待进一步探索的问题主要有以下方面:

第一,民族事务模型库建设。中国民族事务大数据体系结构复杂,但是其核心技术是对我国民族事务的业务流程和决策需求进行建模,民族事务大数据功能的发挥主要依赖于对民族事务模型的应用,通过模型与数据的匹配实现高价值决策信息的快速分析。对民族事务本身的建模是比大数据平台软硬件建设、基础数据整合更为关键的任务,必须集中领域内专家集中攻关并长期维护和优化。

第二,民族事务基础数据治理框架研究。大数据体系构建过程中,将会涉及非常复杂的权益结构,需要在尊重和保护相关各方合法权益的基础上,进一步推进基础数据资源的汇集和整合。因此,必须为基础数据治理制定体系化的治理框架,确保基础数据资源的真实、完整、安全、可用。

第三,民族事务大数据体系"共建共享"机制研究。需要深入研究民族事务大数据体系建设过程中相关各方的博弈关系,找到可以实现均衡的最佳方案,引导国家民族事务委员会、各民族自治地方、相关研究机构之间共同协作，为大数据平台提供基础数据的同时也从大数据决策支持当中获益。

第四，民族事务大数据体系的实际应用。大数据体系的精准治理、决策支持、政策模拟等功能需要与国家民族事务治理过程中的现实问题相互结合，真正发挥大数据技术的潜力，促进我国民族事务治理的科学化进程。在初期可以重点围绕民族地区经济政策、社会稳定、文化发展等问题进行重点突破，带动我国民族事务大数据体系应用的全面展开。

总之，本书所做的工作至少对中国民族事务大数据体系建设领域基础问题进行了大致梳理。在大数据上升为国家战略的背景下，民族事务大数据体系如何在我国民族事务治理体系和治理能力现代化进程当中实际"落地"，还有大量的问题需要进一步探索。我们期待着大数据技术在国家民族事务治理体系当中的应用，在推动我国民族地区社会治理转型的同时，可以在推动民族地区经济社会的可持续发展，促进民族团结、共同发展和共同繁荣方面发挥更大的作用。

参 考 文 献

[1] 朱军. 推进民族事务治理体系和治理能力现代化之我见[N]. 中国民族报，2015.

[2] 国家民族事务委员会. 中国共产党民族理论政策干部读本[M]. 北京：民族出版社，
    2011.

[3] 中华人民共和国国务院新闻办公室. 中国的民族政策与各民族共同繁荣发展[M]. 北
    京：人民出版社，2009.

[4] 赵生辉. 数字纽带：中国少数民族语言电子文件集成管理的体系架构研究[M]. 西安：
    陕西师范大学出版社，2014.

[5] 央广网. 贵州省贵阳市大山洞社区运用"大数据"服务民族工作. http://edu.cnr.cn/list/
    20151117/t20151117_520522564.shtml.

[6] 王永刚，胡晓蓉. 云南摸清底数建档立卡，推进扶贫大数据平台建设[N]. 云南日报，
    2015-11-26.

[7] 石亚洲. 大数据时代民族事务治理创新研究[J]. 中央民族大学学报，2015.

[8] 范凯波，高静学. 大数据背景下城市少数民族管理的思考[J]. 内蒙古农业大学学报，
    2015.

[9] 奉媛. 大数据为深入实施民族区域自治法创造条件[N]. 广西日报，2014.

[10] 本报评论员. 亟待构建基于大数据的民族工作体系[N]. 贵州民族报，2015.

[11] 李军. 大数据：从海量到精准[M]. 北京：清华大学出版社，2014.

[12] [英] 维克托·迈尔-舍恩伯格. 大数据时代[M]. 杭州：浙江人民出版社，2012.

[13] [美] 迈克尔-波特. 竞争优势[M]. 陈小悦，译. 北京：华夏出版社，1997.

[14] 中华人民共和国中央人民政府网站. 促进大数据发展行动纲要. http://www.gov.cn/
    zhengce/content/2015-09/05/content_10137.htm.

[15] 泰安金融大数据研究中心. 大数据导论：关键技术与行业应用最近实践[M]. 北京：
    清华大学出版社，2015.

[16] 国家民族事务委员会官网. 民委介绍[EB/OL] [2017-3-13]. http://www.seac.gov.cn/col/
    col2/index.html

[17] 吴剑明. 中国民族自治地方政府信息化研究[D]. 云南大学博士学位论文，2012.

[18] 胡燕祥. 民族自治地方电子政务建设的现状分析与对策研究[D]. 西南交通大学硕士学位论文，2009.

[19] 陈亚南. 内蒙古电子政务发展现状及对策研究[D]. 内蒙古大学硕士学位论文，2008.

[20] 胡婷. 新疆生产建设兵团电子政务建设研究[D]. 新疆大学硕士论文，2008.

[21] 杨海波. 西藏电子政务发展研究[D]. 中央民族大学硕士论文，2011.

[22] 李涛. 西藏电子政务发展有关问题研究[D]. 天津大学硕士论文，2003.

[23] 吴英姿. 广西电子政务发展有关问题研究[D]. 广西民族大学硕士论文，2009.

[24] 吴天有. 宁夏电子政务发展策略研究[D]. 中央民族大学硕士论文，2011.

[25] 朱东辉. 统计质量管理中若干问题的研究[J]. 统计与决策，2015(8).

[26] 杨薇敏. 政府数据开放：国际经验与我国现状[J]. 瞭望，2015(5).

[27] 赵生辉. 私域信息资源公益性开发策略研究[J]. 现代情报，2015(9).

[28] 赵生辉. 中国少数民族语言政府网站发展的战略思考[J]. 电子政务，2015.

[29] 孟波. 计算机决策支持系统[M]. 武汉：武汉大学出版社，2001.

[30] 张玉峰. 决策支持系统[M]. 武汉：武汉大学出版社，2004.

[31] 王丽珍. 数据仓库与数据挖掘原理与应用[M]. 北京：科学出版社，2005.

[32] 于戈. 数据仓库工程方法论[M]. 沈阳：东北大学出版社，2003.

[33] 谷斌. 数据仓库与数据挖掘实务[M]. 北京：北京邮电大学出版社，2014.

[34] 傅荣校，叶鹰. 公共信息资源管理[M]. 北京：科学出版社，2011.

[35] 蒋东兴. 信息化顶层设计[M]. 北京：清华大学出版社，2015.

[36] 马费成. 数字信息资源规划、管理与利用研究[M]. 北京：经济科学出版社，2012.

[37] 裴雷. 政府信息资源整体规划理论与方法[M]. 武汉：武汉大学出版社，2013.

[38] 周耀林，王艳明. 电子文件管理概论[M]. 武汉：武汉大学出版社，2016.

[39] 赵生辉. 民族自治地方电子政务建设概论. 西安：西安电子科技大学出版社，2017.